日本心理學大師
加藤諦三 TAIZO KATO——著
程蘭婷、高淑珍——譯

為何我們總是如此不安？

莫名恐慌、容易焦躁、缺乏自信？一本缺乏安全感的人都在看的書

自分に気づく心理学
愛藏版

方舟文化

第1章
為何人際關係，總是教人感到苦惱不已？……007

易碎的玻璃心　為什麼連一點小事，都可能讓人感覺受傷？……008
剝落的同理心　年幼時未曾受到溫柔對待的人，無法理解他人的好意……013
為別人而活所以迷失　老是在乎他人的期待，導致真實的自我被壓抑……017
愛惡分明是必要的　在你身邊值得去愛的人、應該厭惡的人……021
安全感永遠填不滿　過度認真的人，反而得不到愛……025
自己看自己不順眼　為什麼覺得自己不斷受到他人指責？……031
可憐之人其實可恨　假借正義或道德之名，對他人發動的攻擊……034
索愛的兩面刃　只懂得以鞠躬盡瘁的方式與人交往，其實是非常不幸的……038

第2章
「對於撒嬌的渴求」，是開啟心靈祕密之鑰……041

親權本當無求　個性固執的人，會抑制心中對於撒嬌的渴望……042
化不安為行動力　讓你感到「畏縮」的事物，正是你內心真正想追求的事物……048

瞎忙讓人更空虛　達成感與不安感…052
當欲望成挑戰　深受性解放威脅的現代人…057
白日夢的喘息　高不成低不就的感覺，總使人懊惱不已…062
自我分裂的危險　具有強烈規範意識的人，活得非常痛苦…067
給自己存在感　每個人都擁有對自我的專屬評價…071
偽裝剛強只因脆弱　防衛本能強的人，會以「愛」為幻影來保護自我…073
欲求不滿難以轉大人　有依賴心的人無須隱藏，而是要有所自覺…077
自覺脫離分裂之苦　心中矛盾，是由撒嬌欲望所產生的…083

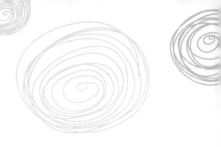

第3章 感到不安，是因為看不見真正的自己

089
總往壞處想的自衛反射　心中不安是源自何處？…090
虛情假意必有所圖　要留意虛偽奉承之人…094
龜縮的一線天　對自己缺乏信心的人，無法以自然正常的方式面對人生…098
就是有人長不大　在成人之間，也有「小孩跟大人」的交際模式…104
不給糖大人也搗蛋　殘存幼稚性格的成年人，對別人要求特別多…109
毫無抵抗力的親密霸凌　擁有「感情融洽圓滿家庭」的悲劇…115

假客觀形成的真扭曲　即使否定再否定，都非常介意的一句話…122
在光明中卻黑暗著　不要受到虛假的道德或規範所束縛…125

第4章　總是莫名感到焦慮的人，容易搞錯人生的方向　131

無法轉彎的人　一旦預定的計畫受阻就會生氣的人…132
一直走不出的童年黑洞　因為隱藏想撒嬌的欲望，心情才會變差…138
別惹我其實是多愛我　因為心理障礙而不斷啃蝕家人心靈的父親…145
為什麼朝下看自己　容易受傷的人，自我評價較低…150
無名火其實有火種　只要老婆問「今天幾點鐘回家？」就會不高興的老公…153
令人窒息的支配強迫症　最差勁的母親才會問小孩「愛不愛媽咪啊？」…157
疑心暗鬼永咒之愛　疑心病，會讓男性不舉的女性類型…163
以為相愛卻是相害　下意識的依賴心會決定人際關係…167

第5章　愛人、以及被愛的能力　171

借題發揮只為壯膽　成年人為了「雞毛蒜皮小事」動怒的理由…172

人同此心知己才能知彼 唯有內心坦率的人，才能理解別人的心理…176
自我挑剔的蝕心魔 缺點少的人，不代表對自己就充滿信心…179
真面目並不會比較差 不要害怕讓別人知道真正的自己…183
完整的接受並愛著 受人喜愛的真實涵意…188
畸形的依附帶不來幸福 好感和袒護下的依附關係…191
效忠式的排他性 依附關係的辨別方式…195
羽絨般溫暖而無迫 真實的愛，是以間接的方式來表達…199
徒具光環還是真有溫度 母親真正的體貼，與自我滿足的體貼…202
親恩浩蕩下難見天日 依附的親子關係，是以父母的需求為優先考量…206
轉嫁於妻子的戀母移情 因心理障礙而不夠成熟的男性，會向戀人冀求母愛…209
痴心其實是依賴心 易受男人欺騙的女性心理…213

第6章 自然的情感，可以喚醒真實的你

第6章 自然的情感，可以喚醒真實的你 217
出生卻未出席的真我 為何會壓抑自然的欲望？…218
自卑與虛榮的矛盾交戰 以「滿足」為名的壓力…222
無感是消極的自我防衛 能感覺到「痛苦」的人是有救的…226

就算寂寞也要允許自己去感受 死氣沉沉，是人生最危險的徵兆…231
卸除偽裝重獲輕盈人生 請捨棄自己「了不起」或「受人喜愛」的形象吧…234

第7章 一切就從珍惜自己開始 239

活出自己專屬的一片天 離開父母獨立的意義…240
一生都要追求真實 如何積極培養純真的情感…243
假想敵原本就不存在 別人就只是別人，並不具有傷害你的能力…247
活化心靈仰賴人際交流 不要害怕與人相處…252
勇於享受幸福降臨 成為一個樂於接受他人好感的人…256
未被滿足的渴求扭曲了自我 為什麼會在意他人的眼光呢？…259
當自己最溫柔的體諒者 容易害羞的人與容易自負的人…263
愛自己是唯一的真理 請善待自己…266

第1章

為何人際關係，總是教人感到苦惱不已？

易碎的玻璃心

為什麼連一點小事，都可能讓人感覺受傷？

對於事情的感受，其影響程度與輕重緩急，完全是因人而異的。關於這點，若是當事者雙方能夠互相理解的話，在人際關係中所遭遇到的麻煩或問題，應該就能避免掉不少。但是，究竟能「理解」別人多少，這種理解力也是因人而異的。

例如夫妻或情人之間，經常會發生各種爭吵的情況。其中大部分的人，都無法理解為什麼一點點小事，另一半卻會如此生氣。隨著相處的時間一長，爭吵的次數增多，不理解的事情逐漸累積，覺得對方不講理、莫名其妙的感覺也日益加深。

於是逐漸地，雙方開始對這種情況感到疲累，而那種想要去了解對方的心情，以及希望能讓對方了解自己的想法，也不斷地消失。最後，在漫長的爭執過後，彼此都被困在各自的情緒牢籠當中。

「這張桌子，似乎有點搖晃耶」、「這個盤子太小了」、「這部車顏色太刺眼了」、「那輛車比較寬敞」、「這個手續太麻煩了」、「那個人的嗓門真大」、「這間房子離馬路太近了」、「採光真差」……不論說什麼，都有可能讓對方產生負面感受，即便再小的事情，也有可能引發大問題。

日常生活中，看似沒什麼大不了的瑣碎細節，對每個人來說，其實意義和重要性都大不相同。**某人眼裡無關緊要的事，卻有可能造成心理障礙*傾向者的自尊心嚴重受損**。

某件事從這個人的角度來看，根本就毫不在意，搞不好他連自己是否曾經說過這種話、做過這個舉動都不記得了，但是對另一個人來說，這件微不足道的小事，卻有可能狠狠地刺進他的胸口，造成他難以承受的傷害。

此外，事情是經由誰的口中陳述的，也是影響感受非常重要的關鍵。例如婚姻生活的相處，經常聽到有人勸戒：「絕對不要去說另一半親人的壞話。」這就是一個很好的例子。

發生在自己親人身上就算是再微小的事情，一旦被配偶或朋友加以指責，往往內心就會覺得非常受傷。因為每個人的認知不同，有人認為是小事

＊編註：本書所言「心理障礙」，主要指精神官能症（neurosis），是憂鬱症、焦慮症、恐慌症、強迫症等症狀的統稱。

所以「說的輕鬆」，但恐怕也只有批評的一方會認為這是「小事」，對於受到指責的人來說，這絕對不會只是一件單純的小事。

還有，「不要去說配偶朋友的壞話。」也是屬於同樣的道理。

這邊姑且以「壞話」來形容某些令人敏感的言語。雖然說出這些話的人，完全不認為自己是在講別人的壞話，也絲毫沒有言語攻擊的意圖，但往往是言者無心，聽者卻有意。

用輕率的口氣脫口而出：「那個人的家裡是在開店做生意的吧!?」雖然對方家中確實是在經營咖啡館，但被評論的一方，內心卻可能產生了受傷的感覺。

對於開口說出這句話的人來說，這純粹就是一件很普通的事，然而聽在被評論的人耳裡，卻完全不是這麼一回事。聽者感受到「被輕視」，會從被批判、被攻訐的角度，來看待這個「純粹就是一件很普通的小事」。

即使在開口的人心中，認為大企業的上班族也好、運動選手也罷，都跟開店做生意的人一樣，沒什麼高低之分。可是被評論的人根本就不這麼認為。姑且不論其中哪一方的價值觀有問題，甚至是雙方的價值觀都有所偏差，總之，這兩個人的價值觀，顯然是完全不同的。

所有外在事物，會透過每一個人的價值觀傳遞到心中。當同一件事情以同樣的價值觀抵達內心時，兩個人才有可能感受到相同的事情，產生相同的感受。而價值觀不同的人，對同一件事則很難有共鳴，甚至會有完全相反的感受。

自我評價高，而且自尊心健全的人，內心比較不容易受傷。相反地，經常因為自我評價低而苦惱，自尊心出現心理障礙的人，容易受傷的程度恐怕已經到了令人吃驚的地步。

此外，對自尊心健全或是自視較高的人來說，他們完全無法想像，自尊心有心理障礙的人到底是多麼容易受到傷害。於是乎，他們總是在刺傷別人的同時，依然搞不清楚對方為什麼會如此生氣。而自尊心有心理障礙的人，則是時時刻刻都處在神經緊繃、容易受傷的狀態當中。

自尊心出現心理障礙的人在感覺受傷時，必須注意提醒自己要改變思考習慣：那些會讓你內心受創的言語、或是某件事，就是因為對方覺得這根本沒什麼大不了，所以才會輕易地說出口。

每件事的影響程度都因人而異。
會讓自己感覺受傷的言語，
或許聽在別人耳裡，根本就沒什麼大不了。

「他為什麼要說這種話？」

「因為這件事對他來說，只是無關緊要的小事。」

「如果是這樣，為了小事而感覺受傷，就是我自己的問題了。」

你可以試著在心中不斷地跟自己如此對話。

還有一種相反的情況，自己感到非常志得意滿的事，別人卻有可能顯得漠不關心毫不在乎。自尊心有心理障礙的人所認為值得驕傲的事，經常在其他人眼裡，也不覺得有什麼好炫耀的。這些都是因為價值觀不同所造成的，並不是別人故意跟你作對。

其實，你可以這樣思考！

「說者無心，聽者有意」？你是否也有一顆過度敏感易碎的「玻璃心」？

如果你很容易因為別人的一句話或一件小事而抓狂，那麼你對自己是非常缺乏自信心的。請好好正視自我的價值，鍛鍊自我認同的力量，在心中不斷跟自己說：「別人所說所做就只是他的觀點，不能代表我的價值，我無須為此感到受傷。」

剝落的同理心

年幼時未曾受到溫柔對待的人，無法理解他人的好意

有憂鬱親和型性格（憂鬱症好發性格）的人，會因為害怕「被別人拒絕」而不斷主動釋出善意。然而即便不是這種性格的人，也有很多人會犯同樣的錯誤。常見有兩種情況：**有些人會因為害怕被別人拒絕，而表現出強勢的作風；另一種人也害怕被別人拒絕，他採取的是刻意給人柔弱的印象。**

若要歸咎這兩種人到底錯在哪裡？首先，要注意他們展現「強勢作風」或刻意留下「柔弱印象」的動機，說穿了都是害怕「被別人拒絕」這件事。

事實上，這些人完全沒必要害怕被別人拒絕。大部分有心理障礙傾向的人，他們所害怕的事物本身，根本就沒有被拒絕的可能性，可是他們卻會因為害怕這些事物，而表現出強勢或柔弱的一面。

刻意給人柔弱的印象，這表示內心想告訴別人「我是必須受到保護的人。」在展現柔弱印象的同時，就是在宣告他人不要來譴責自己，並且要周

圍的人憐惜他所呈現出來的模樣。

其實周遭的人，並不像心理障礙傾向的人所想像的那樣，身邊的人並沒有如此嚴厲地譴責著他們。

以人類心理來說，一旦從小常被責罵，長大後，也會不斷覺得自己受到譴責。年幼時曾經因為沒有幫忙父母而被罵，有幫忙則會得到誇獎，成年後即使再疲累，也會覺得自己不動手做點什麼，好像就會被別人責怪似的。於是在這種時候，他們就會想要宣示自己的疲累。這麼做無非是希望別人不要來責備自己，並且原諒自己現在什麼都不想做，這就是他們內心的訴求。但是同時，他內心也會因為自己什麼也沒做而感到不安。

如果小時候沒有生活在友善的環境裡，這種人成長後，經常無法相信別人的善意。此外，還有一個更大的問題點，就是他們甚至未曾察覺到——自己在小時候並沒有被好好地對待過。

有心理障礙傾向的人，無法意識到自己在成長的過程中，是否曾經欠缺了什麼。打從一開始，他們就沒有機會從別人身上感受和學習到友善地對待、溫柔的關懷。

因此，這樣的人，完全不知道自己缺乏什麼樣的體驗，而且在理解這件事和這些感覺的過程中，也會顯得特別困惑和辛苦。

長期下來，造成嚴重的結果是什麼呢？就是成年後，即使有機會受到別人的溫柔對待，他們也無法理解，原來，這就是所謂的「溫柔」。

就像一個從小都沒有吃過甜食的人，長大後即使有機會品嘗，他也不會一吃就馬上辨認出，原來這就是甜食的味道。

幸運地受到他人友善對待時，心理障礙傾向者卻會因為缺乏這種體驗，無法理解對方真正的心意，無法察覺到：

「唉呀，原來這就是我從未接受過的對待啊！」

這都是因為長期認知錯誤所造成的結果。

每個人格的形成，始終都是「以自己的認知模式」在理解別人。成長的過程中，每個人對他人言行舉止的認知，早在心中建構出一個固定的框架，並且把自己曾經感受到的所有事物，逐一分類，擺進這個框架的某個角落裡。

自尊心有心理障礙的人，即使已經成年，每天仍應提醒自己要意識到，自己隨時都有可能體驗到過去從未有過的「新感受」。**畢竟我們內心既有的框架中，本就沒有他人言行的位置，這需要我們去重新理解與感受，而非根據過往的認知來下結論**。

在這個世上有冷酷無情的人，但相對地也有熱情敦厚的人。老是跟冷漠的人生活在一起的話，即使有機會碰到熱心的人，也只會習慣性地將對方視為冷漠的人來看待，或誤以為對方這麼熱心，一定是另有圖謀。若總是以「對待冷漠的人」的態度來跟別人相處，自己所得到的回應，當然也就只有冷漠而已，這正是人際之間的惡性循環。

其實，你可以這樣思考！

大家都排斥我，不接納我。老是覺得自己被譴責？

總是努力展現自己，擔心別人不滿意？擔心別人拒絕你？其實是你不接納自己，不滿意自己，一直對自己進行嚴厲的要求。請練習降低標準「放過自己」，常常記得要允許自己放鬆、休息。先學會「溫柔」的對自己，你才能同樣去感受出誰是真正對你溫柔的人。「溫柔對自己」遠比「用力過日子」更正確。

為別人而活所以迷失

老是在乎他人的期待，導致真實的自我被壓抑

有些人總是配合他人期待，擱下自己內心真正想做的事，並且因此而生悶氣。明明周圍沒有任何人阻止，但就是會莫名其妙地想像自己受到阻撓。

在專屬於自己的時間裡，不論是想偷懶、吃東西、努力工作、睡覺或是去釣魚、用功讀書等，只要是個人想做的事，尤其是成人，其實周圍的人通常不會有太多意見。

可是有人偏偏不去做自己真正想做的事，因為害怕做了之後，周圍的人會不高興。周圍的人所期待他做的事，即使自己心中並不樂意，但他通常仍會選擇配合別人的期待，而去做了自己不想做的某些事。

弔詭的是，這所謂「別人的期待」，往往都是這種「不敢做自己」的人自己所想像出來的。

事實上，周圍的人完全不在乎他去做什麼，這個人大可依照自己的意

思，去做自己喜歡的事情。然而，他卻認為周遭的人期待自己當個勤奮努力的人，所以就想盡辦法去迎合，並希望能因此博取他人的認同、喜愛。

於是每次躊躇磨蹭，自己想做的事終究無法達成，每天「為別人而忙，為別人而活」，結果便是導致自己內心不滿。

此人自己誤解他人的心意，並且自己生悶氣，忿忿不滿。最後隨著不滿的情緒逐漸累積，終於演變成深層的怨恨或是敵意。

這種怨恨會被壓抑，而且受到壓抑的怨恨還會產生投射，也就是這個人會覺得周圍的人全部都對自己抱持著惡意。於是為了逃避這種惡意，他會越發努力想要去迎合周遭眾人的期待，因此陷入壓抑自我的循環。

可惜的是，就算他再怎麼努力，也全都是白費功夫，無法得到預期的效果，因為他從一開始就已經曲解了別人的想法。甚至在一邊努力迎合別人的時候，也一邊怪罪別人給他壓力，使得人際關係完全沒有獲得進展。

另外，還有一種同樣是屬於基本上的誤解，就是為了討好別人，而認為自己一定要特別為他人做些什麼才行的錯誤認知。其實，即使沒有付出任何代價，人與人之間也會彼此抱持著善意，這是有心理障礙傾向者，絕對無法想像的畫面。

擅自誤解別人在期待自己付出某種代價，並且妄下斷論：「如果沒有去迎合那個期待，別人肯定會認為自己是個糟糕的人。」如此過日子，當然過得充滿壓力，也會對別人的善意都曲解為另有目的、別有所圖。

其實，從頭到尾都沒有某一件被期待的事，也不必為了那件事而去迎合別人，自己也不會被認為是個糟糕的人，這才是實際的情況。但是有些人，就是無法這樣認清事實。

像這樣覺得不去完成某件事，就覺得自己是很糟糕的人，其實周遭的人並不會如此認為，就只有自己這樣想而已。因為人會以自己的想法為中心，認為別人一定跟自己所想的一樣，於是自己一直逼著自己，去達成自己認定他人所期待的目標。

因為小時候身邊的人對自己充滿期待，長大後如果還是這麼想的話，那就是大錯特錯了。光是明瞭這個道理，不知道就可以拯救多少人免於痛苦。

年幼時周圍的人未曾了解過自己的想法，於是，成年後就容易以「別人都不了解我」為前提來思考一切事物。

把自己想做的事擱置一旁，
總是選擇自認為可以討好別人的事來做。
可是，實際上周圍的人真正期待的事，
卻是希望這個人去做自己想做的事。

此外，這種做法還會讓人感覺彷彿是在找藉口。一旦覺得別人都不了解自己，就會開始找各種理由來解釋自己的所作所為，於是，聽起來更像是以各種藉口在搪塞和誇大。

在你身邊值得去愛的人、應該厭惡的人

以下的說法，雖然顯得有些極端，不過有心理障礙傾向的人，在他們過去的人生中，精神上確實沒有與人情感交流這回事。因此，他們沒辦法理解什麼是所謂「親密的情感交流」。

此外，他們似乎也未曾察覺到，自己在過去的人生中，並沒有與他人親密往來的經驗。不過，他們對於「情感交流」這個名詞卻是知道的，所以，這裡又會產生另一個問題。

這是怎麼一回事呢？因為他們會把缺乏心靈交流的那些人際往來經驗，誤認為這就是親密的交際關係。也因為如此，他們才無法明白，自己其實根本就沒有真正的親密往來經驗。於是在不知不覺中，他們會把冰冷無情的家庭，錯當成充滿了愛的溫暖家庭，這就是最可怕之處。

如果自己所生長的家庭，真的是個充滿情感交流的地方，那自己又為什麼會出現心理障礙呢？不就是因為從小生長的環境不重視真實的自己，並且拒絕去理解和同情他人所造成的問題，不是嗎？

不論父親也好、母親也罷，甚至是姊姊或哥哥，只要其中任何一個人擁有理解他人的能力，或許你就可以獲得解救也說不定。很可惜的是，有些最後患上心理障礙的人，恐怕多是因為身邊連一個可以「知他、懂他」的人都沒有。

當你想要耍任性時，是否有某個人願意承擔接受呢？小孩的天性原本就是任意妄為，可是你在小時候卻自己制止了所有任性的舉動。這是因為周遭的人不允許你如此，所以自己不加以克制的話，就會遭受負評。

然而不可思議的是，現在的你，卻完全不會憎恨那些不理解你、甚至是玩弄你的人。相反的，對於那些體諒、理解並給予你溫暖的人，有時反而會感到厭惡。

所謂內心生病的人，就是不去憎恨應該怨懟的人，反過來還會對這些人抱持著罪惡感和歉意。明明是應該討厭的人，卻向對方展露出善意，即使是具有懷恨理由的敵人，竟然無法冷漠地去對待他？一旦向對方表現出冷淡的一面，如同前面所說的，自己竟然還會產生罪惡感。

相反的，面對那些可以理解自己、願意體諒自己的另一半或是戀人時，內心生病的人，卻會毫不留情地心生怨恨、不耐煩或輕視他們，甚至就算對他們做出再大的背叛和傷害，自己竟也不會產生任何罪惡感。

之所以會如此，都是因為從小冷漠的家庭環境，造成內心無法獲得安全感，進而無法真正獨立而導致。面對完全不體解自己的冷漠之人時，即使只做出一點微小的傷害，內心都會感到不安，因為很擔心是否會因此不被對方喜歡和認同。然而事實上，那些冷漠的人，或許根本對你的作為連些許難過的感覺也沒有。

沒有滿足冷漠之人的期待，就會感到罪惡感，是因為對這些冷漠之人有心理上的依賴。對於有心理障礙者而言，非常遺憾地，這些冷漠之人在他們內心竟是極為重要的人。

人類會為了無法滿足對方的期待而感到難過，這都是因為那些人在自己心中非常重要，並不是因為對方冷漠或熱情，而且跟對方的人品性格如何也沒絕對的關係。所以，才會有人為了討好冷酷又滿口謊言的人而拼死拼活，

對於內心生病的人來說，往往不會去憎恨應該怨懟之人，
相反的還會對冷漠的人抱持著罪惡感。
這是因為內心生病的人，在心理上，
非常依賴這些對自己冷淡的人所導致。

可是碰到宅心仁厚的人，卻將對方當成奴隸般來使喚。

占有欲等我執意識較強的人，一旦出現心理性的依賴，就註定是悲劇一場，因為他不可能從自己內心所依賴的對象身上，獲得永遠不變的愛。此外，這種人由於從未曾被愛過，也沒有接受過溫暖的對待，所以不論過了多久，也沒辦法克服這種依賴的心態。沒有討厭應該怨懟的人，這個人通常會對應該加以珍惜的人冷淡無比。

其實，你可以這樣思考！

為什麼不能做自己？為什麼不能肯定自己所感覺到的事？

當你有身不由己的感覺時，代表你放棄了自己存在的地位，任由別人的價值觀來駕馭你。要拿回自我感受力的主導權，請先練習看淡身邊的人，他們說的都不重要，「你自己的想法」對你來說才是最重要的。

安全感永遠填不滿

過度認真的人，反而得不到愛

認為自己沒有某個人的保護就活不下去，並且認為一定要討好對方才行的人，絕對無法滿足自己內心想要撒嬌的欲求。

在最需要依賴的幼年時期，如果不必去討好自己的保護者，就能受到照顧，安穩成長，此人就是幸福的。幼年時期可以如此幸福度日的人，在長大成人後，情緒上也會顯得比較成熟。

人如果缺乏安心感，就沒有辦法撒嬌。尤其是心中懷有被拋棄的不安時，這種人更無法做出撒嬌的舉動。也就是說，他必須隨時戒慎恐懼地注意那個給予自己保護的人情緒好不好。不論是玩耍的時候、幫忙家事的時候、還是吃飯的時候，都是如此戒慎不安。

沒辦法撒嬌的小孩，大部分在成長後，都會變成認真耿直的人。他們認為，只要自己表現認真，就有希望獲得周遭的友善回應。一旦成為過度認真的成年人，即使想要再學著撒嬌，也不知該如何表達了，而且在做人處事上，大多都會顯得非常客氣。

就如同前面所敘述的，**過度認真的成年人，內心其實是缺乏安全感的**。**他們在自己的人際關係中，找不到安心的感受**。由於依賴心很強烈，很想對別人撒嬌和索取關懷，但是因為太在意周圍的人，認為自己必須討好他們，若是自己表現出撒嬌的行為，又怕會失去別人的好感，所以一直沒辦法隨意做出撒嬌的舉動。

「這個人不會背棄我」，人只有在心中充滿這種安心感時，才能放心向別人撒嬌。然而，對於過度認真的人來說，撒嬌根本就是一件幼稚丟臉的事，因此越是怕被別人拋棄的人，就會更加壓抑這種想撒嬌的表現。

過度認真的人之所以會遵守規範，完全只是為了想贏得周遭眾人的肯定而已，但他的欲望並沒有滿足或排解掉，反而化為深層的壓抑。

在欲求與規範的對立當中，社會上認為「欲求」是不好的，是幼稚丟臉的事，並且被當成罪惡而加以抑止；而「規範」是好的，是光榮之事，所以應該去遵循。另一方面，**過度認真的人只能跟人維持表面上的往來關係**，這就是他們人生中的悲劇。如果只在表面上的往來，遵循規範、懂得克制自己的人，確實比較容易獲得眾人的好感，但他無法感受到何謂「幸福」與「親密」。

追根究柢，循規蹈矩、嚴謹客套的人際交流方式，最終都只能發展到表面上的往來關係罷了。在這種情況下，人沒辦法展現出自己的本性，因此也不可能獲得深入交往的機會。在表面的交往關係中，雖然能得到別人的好感、取得對方的信任，可是，這也僅限於處理表面的事物為止，事實上，並沒有真的被別人當成一個值得信賴的對象，也無法成為對方在人生中無可取代的人。

這麼說雖然不完全恰當，可是以男女關係來形容的話，就如同外遇對象，因為配合度高而受喜愛，但信任程度也是如此而已。並不是因為自己對感情專一認真，才獲得對方真心的喜愛與信任。

不論自己多麼壓抑撒嬌的舉動，表現出再認真的一面，這些都只能獲得跟人喝茶聊天般的友好程度。「我希望能跟這個人結婚！」、「我想跟這個人共度人生！」如果只靠過度認真的行為舉止，是不可能讓對方產生

沒辦法撒嬌的小孩，
大部分在成長後，都會變成認真耿直的人。
他們認為，只要自己表現認真，
就有希望獲得周遭的友善回應。

這些情緒與想法的。

同性之間的往來亦是如此，如果只是客套討好的去迎合，那麼別人對你的好感也僅限於見面當下，信任也只有在彼此相處時才會出現。雖然雙方聚在一起時，行為舉止符合規範才是最安全的做法，可是如果不進一步打開心房，不論交往了幾年，在別人心中始終都只會停留在「那個傢伙」的淡薄關係中，無法發展出深厚的情誼。

儘管內心想要撒嬌的渴望無比強烈，卻還是選擇自我壓抑，並且**行為舉止過度認真的人，其實是無法展現出個人魅力的**。這種人沒辦法深深地吸引他人，不論是同性或異性之間，都只有等著被別人提出分手的結局。

可以讓自己的人生充滿意義的人，能夠使自己反省過去生活方式的人，以及有辦法幫助自己改變原本對事物看法的人，足以讓自己感覺到重新展開人生的人，這些都不會是那種只懂得過度認真、追求表現的人。

內心想撒嬌的欲求有獲得滿足，而且認真度日、有自我目標的人，並不會待人過於客氣，而這一點正是這種人的魅力所在。這種人的「魅力」，是指可以給予別人真實的感受，不光只是知道這個人在那裡而已的意思。

問題是，想撒嬌的欲求無法被滿足，縱使心底最深處正強烈地渴望著，也無法坦然地向任何一個人表現出來。這樣的人，雖然在表面上能贏得眾人的信賴，可是大家都不是打從心底深處真正地信賴著他。

對外很會做表面功夫的人，在外人面前不會顯露出想要撒嬌的欲求。同樣的情況，那些對家人態度惡劣的人也是一樣的，他在家人面前，也無法率性地表現出自己想撒嬌的欲求。

這些內心生病的人，在家人親友面前之所以會變得情緒不佳，是因為跟外人比起來，面對自己家人時比較能感受到安心，所以內心深處那種想要撒嬌的欲望，會動搖得更厲害。可是，這樣的人仍然無法在親人面前完完全全地放下心來，所以仍然無法順利地撒嬌和表達真實感受。

這種給自己家人「愛鬧脾氣」、「鐵板臉」感覺的人，對自家人雖然不是真的感到安心，不過跟外人比起來，防衛心確實會稍微減緩，因此更容易意識到自己想要撒嬌的欲望，只是這種希望撒嬌的欲求仍矜持在心裡，也就是被所謂「拉不下臉」、「放不下身段」、「擔心被嘲笑」等彆扭感牽絆著，終究無法坦率地表現出來。

由於這種欲求不滿，會比在外人面前更容易被察覺，因此，這種人也會覺得在自己家人面前，比在外面時更加有壓力，因此再度產生了不滿的感覺。連在家裡，這些人都沒辦法坦然地表達出想撒嬌的欲求，內心悶得快要爆炸，所以就會讓人覺得他在莫名其妙地無理取鬧，或是假借正義的面具，小題大作地責備家裡的人，甚至有些人乾脆選擇沉默以對，和家人打冷戰等方式鬧脾氣，藉以獲得家人關注。

為什麼覺得自己不斷受到他人指責？

對撒嬌行為的壓抑，可能導致易發憂鬱症的性格傾向。

如果經常壓抑想撒嬌的情緒，結果將會投射到他人身上。也就是說，別人並沒有要求自己做什麼，也沒有抱著任何期待，更沒有責備你，可是你卻有被要求、被期待，甚至是被指責的錯覺產生。

所謂的「撒嬌」，追根究柢其實也是一種需求、一種欲望，它的本質正是希望別人可以為自己做某件事，希望別人可以為了自己這麼做、或是那麼做的要求。對方一旦沒有照做的話，就會感到不滿，生對方的氣。每個人或多或少，都希望別人能依照自己的期望來行動，這種欲求就是撒嬌。

由於某些人內心認為這種撒嬌是不好的行為，因此會自己加以抑制。正如心理學家榮格所說，這種壓抑將會造成另一種投射，企圖在別人身上尋找這個壓抑的情緒，其實是自己想要撒嬌，卻認為是別人想向自己撒嬌；內心深處正在責怪別人，結果卻產生自己被別人指責的心情。

自己內心想撒嬌，卻因為投射作用，在別人身上看到了想要撒嬌的要求，所以自己的心情開始隨之波動，但是又提醒自己要壓抑住，終究造成自己的矛盾和不安。

這種結果會造成強烈的欲求不滿，而這種不滿，最後會導致敵意的產生。從欲求不滿產生敵意，甚至會轉變成攻擊性，只是這種攻擊性有可能又被自我壓抑，一樣沒辦法順利地展露出來。

想撒嬌的渴望、欲求不滿的情緒、攻擊性的心態，這一連串的相關情緒都無法找到宣洩的出口。越是如此壓抑心中的敵意，就越是無法跟別人產生同理的感受，進而變成沒有「同理心」的人。

像是在日常生活中發生什麼事情時，沒辦法跟別人擁有一樣的心情說出：「嗯，真是太好了！」或是「唉呀，這真是遺憾啊！」

日常生活中一些原本單純的事物，有些人卻會把這些當成是對自己的攻擊。

夫妻、情侶之間最常發生這種情況。例如男性經常會為了「為什麼妳老是抱怨連連」而生氣。可是在女性的心中，卻認為自己根本就沒有在抱怨什麼啊！

「這個如果可以再那麼一點，不是就方便多了嗎？」

「那個人的那個東西看起來挺不錯的！」

像這樣單純的談論事件，或是單純的陳述想法和期望，在男性的耳裡聽來，卻彷彿全都充滿抱怨。

不過是人與人之間無關緊要的交談，有時也會產生自己被攻擊的錯覺，進而還會衍生出「我已經這麼努力了，可是你卻……」這種惱羞成怒的心情與反應。

接下來，內心被壓制的敵意，會隨即戴上「正義的面具」登場，並且不斷地囉嗦、不停地指責對方。

可憐之人其實可恨

假借正義或道德之名，對他人發動的攻擊

經常有太太們來找我做人生相關的心理諮商，其中最常見的就是老公太囉嗦這件事。

「我們家先生，我完全不知道他到底在氣什麼，一旦惹他生氣，他就會不斷碎碎念，甚至到了半夜兩、三點還在數落我的不是，我都快被他逼瘋了！」有不少太太會如此訴苦。

這些太太其實只是單純地說出一些事，例如：「這張桌子已經有點損壞了耶！」說不定就只是這樣的事情而已。又或者是，「今天早上車子的引擎有點發不動呢！」諸如此類的生活實際情況，可是，做丈夫的卻會把這些話，聽成是老婆對他工作能力或薪資收入的不滿。

實際上，太太並沒有對先生抱持任何不滿或其他的情緒，然而先生卻會擅自將這些事情，解讀成太太對自己的不滿與埋怨。其實，先生從太太身上

看到的是「他自己對自己本身的不滿」。

問題的癥結點就在這裡：從別人身上看到自己對自身的不滿，真正的事實，是自己在壓抑對別人不滿的情緒，所以這種壓抑才會投射在對方身上。因此，才會把別人說的話全都當成是對自己的不滿。

像這種情況又特別容易發生在喜歡做表面功夫的丈夫身上，而太太之所以會傷心感嘆也是因為如此。她們會難過地說，在隔壁鄰居太太、或是公司的人面前，自己的先生都會裝出一副大好人的嘴臉，回到家卻像變了一個人似的。

這也是該位男性想對身邊的親人撒嬌的證據，只是這種想撒嬌的心情被壓抑住了。覺得大家都對自己抱持著不滿的人，在內心深處尤其隱藏著想要撒嬌的巨大欲望。

想要撒嬌的渴求一旦受壓抑，最終結果，就是對別人的攻擊性也會同樣受到抑制，所以就變得更難坦然地撒嬌。就像明明雙方都沒辦法好好的相處在一起，可是又落入無法斷然分手的惡性循環中，像這樣的夫妻關係是非常常見的。

有一種說法是──如果不清算親子關係，就沒辦法順利地談戀愛。這個意思是幼兒時期的撒嬌欲求，應該在原本的親子關係當中獲得滿足而消除掉。

可惜的是，幼兒時期親子關係並不親密的人，這種想撒嬌的欲求不論到了二十歲、三十歲、四十歲、六十歲、甚至於八十歲，都會持續存留在心底深處。而且年紀即使是二十歲、三十歲、四十歲、六十歲，年紀再大也都會為了這種想撒嬌的表現而感到抗拒掙扎。

以堂堂成年人之姿在社會上工作的男性，更是沒辦法直接表現出如幼兒般的欲求，為此感到掙扎壓抑，情緒難以平撫，於是就會轉變成以間接的方式來表現，或是戴上正義與道德的面具，假藉一些社會道德規範內所能允許的行為或言論，變相宣洩與抒發，造成家人的折磨。

每個人內心真正的期望，都是希望身邊親近的人，也能夠像母親對孩子般來呵護照顧自己，可是又矛盾地覺得這是非常羞恥的事。雖然覺得很羞恥，但心底深處又極度渴望著。於是在自己心中，這種矛盾無法解決，只好成為一個被故意忽視的願望。

每個人在小時候，如果撒嬌的欲望有機會能獲得滿足，通常就會毫不害羞地接受被滿足的機會，可是一旦成長到了某個年齡，就會覺得「被滿足」這件事是很不好意思的。

於是乎，不論是面對情人或配偶，雖然希望身邊親近的人「這樣」對待自己，可是在這同時，又不允許自己被「這樣」對待。就因為希望能保留面子，「間接地」滿足自己的欲求，所以才會莫名其妙地對別人的關懷無理取鬧，或是找對方的麻煩，甚至還會假借冠冕堂皇的理由，以各種方式來為自己「奇怪的」態度和行為做辯解。

其實，你可以這樣思考！

觀察檢視自己，是否也有這種「欲求不好意思表達」的問題？

如果覺得自己身邊的人「老是抱怨連連」，或許你首先要反省的是自己的內心，有沒有存在著什麼樣的壓抑和不滿？這個「老是抱怨連連」的人，也許就是你正在壓抑撒嬌欲求的對象呢！不妨改變想法，試著對他說出你的欲求，向他撒撒嬌，彼此更能互相理解促進感情喔！

索愛的兩面刃

只懂得以鞠躬盡瘁的方式與人交往，其實是非常不幸的

一旦太親近就會彼此受到傷害，這並不是正常的人際關係。換一個比較正確的說法，就是幼兒時期的撒嬌願望，如果仍然強烈存留在內心的人，一旦與人太親近，就會變成彼此傷害的關係。

如果幼兒時期的撒嬌願望，仍然強烈地存留在心中，對於身邊較親近的人，就會希望對方「這樣」對待自己，或是希望對方「這樣」看待自己，以及期望自己在對方心中是「這樣」的形象等等，如此的心情將會油然而生。

其中最重要的一點，就是在這樣對親人的心情當中，包含著極強烈的要求期待，而面對外人時的迎合態度，此刻已經完全消失了。這種裡外不一的現象，就是欲求不滿者最大的特徵。

面對外人時，也就是跟自己關係較疏遠的人，會覺得自己不得不滿足對

方的心意，可是一旦面對跟自己較親近的人，卻會變成期待對方「像母親對待孩子」般的來對待自己，要求對方必須「這樣」對待自己的行為，就是撒嬌的欲求，亦即希望大家都能以你為中心，並且想辦法來討好你。

總之，會對身邊親近的人感到愛恨交織、抱持著兩極化情緒的人，都是心中想對別人撒嬌的欲求所導致。

跟心理性的撒嬌欲求相反的，是對他人「施予恩惠」的行為。想撒嬌的欲求，是希望對方可以「這樣」對待自己，也就是自己向別人提出要求。會對他人施予恩惠的人，剛好完全相反。

因為對方提出「這樣」的要求，所以我才會「這樣」做，這就是施予恩惠者所表現出來的姿態。在人際關係中如此，完全是為了在對方心中留下自己給予恩惠的印象。

人在某種人際關係中，對於自己的存在價值沒有信心，可是又認為這個人際關係對自己來說很重要，於是這種時候，就會開始向別人施予恩惠。而且給別人好處時，還會過度強調自己所施予的恩澤，結果反而讓對方感到不愉快。其實追根究柢，問題就是出在內心深處對自我價值缺乏信心所導致。

只懂得以鞠躬盡瘁的方式，與他人維持往來關係的人，
其實內心強烈地渴望著別人也可以鞠躬盡瘁地對待自己。

因為缺乏自我價值感而感到痛苦的人，特別具有容易向人施予恩惠的傾向。另一方面，可以坦然表現出想撒嬌欲求的人則剛好相反，他們對自己充滿信心，比較不會這樣做。

如果有信心對方對自己是抱持著善意，確信自己在對方心目中占有無可取代的地位，人才能感到安心，坦然地向對方表現出撒嬌的欲求。

過度認真、具有憂鬱親和型性格傾向的人，可以確定他們在年幼時期，對於關愛的欲求沒有獲得滿足。正因為如此，他們才會不斷渴望得到別人的善意回應，並且也特別在意是否會被別人拒絕，怕自己受到太大的傷害。

透過「鞠躬盡瘁」的方式，來跟別人維持往來的關係，就是來自撒嬌欲求的反動。只能利用鞠躬盡瘁的模式，來跟別人維持關係的憂鬱症患者，其實打從心底深處，也希望別人也可以竭盡所能地善待他。

其實，他們並不是真心想為別人鞠躬盡瘁，相反的，是打從心底深處期望獲得別人全心全意地對待。正因為他們的「鞠躬盡瘁」源自反動的心理作用，所以反而無法全心全意地對待他人了。

第2章

「對於撒嬌的渴求」，是開啟心靈祕密之鑰

親權本當無求

個性執著的人，會抑制心中對於撒嬌的渴望

在人的認知中，想要滿足撒嬌的欲求，必須先感覺到自己具有接受對方善意的資格，這是首要的條件。如果對方的好意會讓自己覺得難受，那麼想撒嬌的欲求，根本就不可能獲得滿足。

當對方為了自己而做出各種付出時，若是內心會覺得「很對不起那個人」，那麼，無論對方做了再多的事，自己的撒嬌欲求也不會被滿足。

撒嬌的欲求若想獲得滿足，就必須認為對方為自己付出是一種義務，並且覺得自己確實擁有這樣的權利才行。當然，實際上這完全是自我認定的問題。

也就是說，當對方為你做了什麼樣的付出時，你不會因此感到畏縮，而是坦然接受，這種關係下，才有可能向對方撒嬌。

喜歡向別人施予恩惠的大人，往往會導致自己的孩子想撒嬌的欲求遭致

封鎖，其影響的長遠性超乎想像的可怕。那些會向孩子要求感謝和回報的父母，正是最糟糕的父母。

能不能順利地撒嬌，跟自己撒嬌對象的回應方式也有關係。如果可以確定對方不會因為自己的撒嬌行為而感到厭煩的話，才有可能坦然表達自己的感覺，滿足自己的撒嬌欲求。

也唯有確信倆人之間是屬於這樣的關係，撒嬌的行為才有可能出現。為什麼會這樣呢？在撒嬌者心中，沒有疑慮產生，才是關鍵所在。對於自己的這種行為，以及對方所有的反應，都不會產生任何疑問，如此才能安心地撒嬌。

若是像喜歡略施恩惠的父母親那樣，每件事都要求孩子必須逐一感謝的話，孩子根本就不可能出現撒嬌的行為。

此外，缺乏自信和安全感的母親常會問孩子「你愛媽咪嗎？」就如同教育學家尼爾所說，當然也是最糟糕的母親。

原本應該去滿足孩子撒嬌欲求的一方，竟然因為內心也想尋求撒嬌的滿足，或是缺乏自信，而常常問說「你愛媽咪嗎？」將會導致想撒嬌的孩子變得沒辦法撒嬌了。

對方到底會為自己做出什麼樣的具體回應，對於撒嬌行為來說，也是非常重要的考慮項目。除了這個之外，對方究竟會對自己的撒嬌行為，產生什麼樣的感覺，同樣是非常重要的一環。

我記得哥德曾經說過「與其抱持著要對方感激的心態，施捨給別人十萬塊，不如慷慨無私地給一萬塊來得痛快！」這句話意義就在於此。

對撒嬌者來說，最重要的是對方能給自己某種具體的善意，而其中更重要的一點，是這個善意即使沒有具體如實的表達出來，也能感受到對方心中是如何疼惜著自己的那份心意，這就能滿足欲求，算是撒嬌成功。

所謂的撒嬌，必須從毫無責任感的狀態開始。也就是將各式各樣的責任都推到別人身上，自己則是什麼責任都不去管。想要滿足自己的某種欲求，而且覺得這不是自己的責任，對方才應該負責去完成，這就是撒嬌的人。

如果自己的欲求得不到滿足，撒嬌的人會認為對方應該覺得很慚愧、很對不起自己，這種心態在自我存在當中，被稱為「責任放棄」。

撒嬌的人，可以從責任這種心理的負擔中自我解放。因此，那些從小撒撒嬌欲求得不到滿足的人，才會直接在心底深處壓抑這種渴望，並且背負著責任這種心理的負擔，直到成年之後，衍生出各式各樣的心理問題。

所謂的成年人，應該要對自己的存在，擔負起自己的責任。在這個社會當中，雖然會把法定足齡的人視為成年人來尊重，可是在此同時，也會不斷追究這個人必須擔負起的責任。這種自由與責任，就是當一個成年人的必要條件。

可是撒嬌這件事，卻是將自己的存在，當成是別人的責任來追究。認為自己的存在，是其他人應該要承擔起來的責任，這就是撒嬌者的心態。當自己有什麼事進行得不順利時，會把責任都推到別人身上，則是撒嬌者會採取的行動。為什麼事情不如自己的想像進行呢？為什麼沒有照著自己的期待來做呢？以這種向對方生氣的方式來撒嬌。

如果想撒嬌的欲求無法獲得滿足，甚至還受到壓抑的話，這種人長大後會出現「執著性格」：在表面上看起來往往過度認真，很社會化，也適應得非常好，總是努力去實現別人的期待，當事情進行得不順利時，也不會責怪別人，而是怪自己沒做好。

不過，在這種謹守規範、自律甚嚴的心底深處，到底是什麼狀態呢？雖然壓抑住想撒嬌的欲求，但這並不表示他就沒有撒嬌的渴望。只不過是當事人自己刻意不用雙眼去正視罷了。

這種人的日常思想和言行，看似自主的盡了自己的責任，可是在內心深處，卻希望別人可以感覺到他們自己存在的責任。也就是說，這種人在意識的層面是「自虐」的，而在無意識的層面則是「虐他」的。

當他打從心底感到充分滿足的時刻，並不是自己去承擔起自己的責任，而是別人幫他擔負起責任的時候。然而，當他成為大人進入社會後，心底深處一定很少有機會如此被滿足，甚至從來都沒有獲得滿足過，這就是他持續感到緊張不安的原因。

來幫我扛起存在的責任吧！滿足我的欲求就是你的責任！這些才是他內心對別人真正的想法與吶喊，雖然外表是社會化的堂堂成年人，但內心深處，卻像個孩子般一點責任感也沒有。

此外，唯有不必負起任何責任時，他才能打從心底深處獲得滿足。

執著性格的特徵之一，就是表面上經常抱持著強烈的責任感。這也可解釋為壓抑撒嬌欲求，所造成的反向作用。過度強調遵守規範的個性，也可以解釋成撒嬌的特徵之一。

希望別人心中總是想著我、關心我、為我付出，卻怕別人因此不喜歡自己，所以不敢直接表現出來，所以才會出現那樣矜持彆扭的個性，不是嗎？說好聽是責任感很強，但實際上，也只是裝模作樣罷了，內心並不是真的想去擔負起所有的責任。

所謂的「壓抑撒嬌」，應該就是造成成人心理障礙的重要原因，也是家庭對孩子的養育過程中，絕對不可輕忽的一環。

化不安為行動力

讓你感到「畏縮」的事物，正是你內心真正想追求的事物

《紐約時報》在某一年所評選出來最重要的書籍，是羅洛·梅所寫的《愛與意志》這本書。書中羅洛·梅闡述了現代人的性愛，並且強調人們為了達到性高潮而產生的不安，以及將滿足對方這件事看得極度重要等內容。

......the great importance attacked to "satisfying" the partner.

為什麼要將滿足對方這件事，擺放在如此重要的位置呢？其結果，只會讓性愛變成心理的負擔。

其中的一個原因，恐怕也是對於撒嬌的壓抑吧！不只是性愛，多數人凡事都打從心底深處希望，對方能夠滿足自己，不是嗎？然而，自己內心卻把

這種撒嬌，當成一件不好的事並加以排斥，也就是壓抑。

其反向作用，則會造成自己不得不去滿足對方的情緒油然而生，然後為了滿足對方而努力。更嚴重的，還會把這種壓抑投射到對方身上，亦即在對方身上，看見自己那個想要被滿足的影子，並且去回應對方身上的影子和願望。這不僅適用於性愛，對於一般的欲求也都包含在內。

雖然想要去滿足對方，可是最後卻不是讓情緒變得更加成熟、更加體貼別人，而是出現壓抑的狀態。

如果想要給予的姿態，能透過給予的動作來得到滿足，這就是所謂情緒上的成熟。情緒成熟的人，給予別人的愛，並不會帶來心理上的負擔或祈求回報。

相反的，想要給予對方、希望能滿足對方的想法，一旦出現反向作用而變成想要對方也給予自己、希望對方也能滿足自己時，隨即就會出現心理性的負擔。

這種時候，當事者會感到內心焦慮、還有壓力，所以，自己原本擁有的能力就無法適時地發揮，或是不甘心付出，因此內心會開始覺得極度不安。

情緒成熟的人，也就是能夠因為付出而感覺喜悅的人，就可以從不安當中獲得解放。只要內心沒有焦慮感，就不會因為擔心「對方沒有滿足，自己該怎麼辦？」而產生不安的情緒。此外，也不會因為擔心對方是否會有所回報和感謝，而導致自我評價上升或下滑。**能夠肯定自我的價值，完全跟別人的所作所言毫不相關，這就是成熟。**

壓抑自己的內心欲望，並且變成為別人去付出，這種人其實是以壓力為出發點在為對方付出，而且還會認為這種有壓力的付出是理所當然的。

此外，**情緒上成熟的人，也就是能夠因為付出而感覺喜悅的人**，他們可以同樣坦然地接受別人的善意。至於以壓抑的方式來為別人付出的人，則會畏縮地避開他人的善意。

為什麼會畏縮地避開別人的善意呢？這種畏縮，正代表著內心的不安，沒辦法坦然冷靜地去面對。

像這樣沒辦法坦然冷靜地面對別人的善意，是由於發覺自己心底深處的壓抑，因為心底深處其實正在渴求對方的善意，只是在經歷許多過程後，這種想撒嬌的欲求被壓抑住了。

也就是說，會讓自己感到畏縮而想避開的「善意」，其實就是心底深處真正渴望的東西，只是反向作用的結果，最後造成了自己扭曲的性格和不真誠的人際相處模式。

過度認真、顧慮很多、凡事壓抑、總是對別人表現得非常客氣，這些都是「防禦性格」的特徵，也就是強烈自我保護的性格。

接受他人的善意，會造成這種防禦性格的毀壞。正因為會導致自己所創造的防禦性格面臨崩壞的局面，所以在面對別人的善意時，這些人才會變得無法冷靜鎮定。

別人的善意，隱藏著發掘真實自我的危險，因此，在面對別人的善意時，具有防衛性格的人會變得情緒起伏不安。好不容易才能過著避開別人眼光的生活，結果自己堅硬的保護性格，卻面臨毀壞的危機，這會讓防禦性強的人非常不安。正因為如此，才會時而刻意避開與別人善意接觸的機會。

相反的，情緒上較為成熟的人，則可以向別人的善意說聲「謝謝」，並坦然地接受，同時也感到歡喜。絕對不會因為必須面對別人的善意，而出現緊張不安的情況。

情緒上成熟的人，
也就是能夠因為付出而感覺喜悅的人

瞎忙讓人更空虛

達成感與不安感

羅洛．梅所指出的另一個重點，是異常強調達成感這件事。這種情況又是如何產生的呢？

「*......the anxious overemphasis on achieving the orgasm.*」

最直接的原因，恐怕是內心的空虛吧！對人類來說，可以讓注意力從心靈的空虛上轉移的東西，就是所謂的「達成感」，也很接近「成就感」。

為了「如何才能過得非常充實」而感到焦慮的人，其根本因素，也是因為心靈感到空虛所致。希望藉由完成一件接著一件的事，來填補內心的空虛，卻落得為了一次又一次的達成目標而產生焦慮。

如果內心的空虛感越深刻，要用來填補缺口的達成感所伴隨的焦慮，也就會隨之變得越大。不論是工作上的達成、讀書上的達成、性愛上的達成，還是休閒娛樂上的達成，都是一樣的。

總而言之，達成一些遠大的目標，對於嚴重心靈空虛的人來說，是用來轉移注意力絕對必要的事。

有憂鬱症傾向且性格執著的人，即使感到疲累，也離不開工作崗位，因此當然也無法得到休息的機會。這是由於離開工作崗位就會覺得不安，可是為什麼會感到不安呢？

因為一旦離開工作崗位後，就必須直接面對心中的空虛感，這應該是其中的原因之一吧！如果一個接著一個地完成各種不同的工作，就可以轉移內心對於空虛感的不安。

不論是面對工作或是性愛，產生不安的原因都是一樣的，只要沒有達成目標，就無法填補心靈的空虛，就會覺得日子過得沒有意義，只是在白白浪費時間而已。一旦出現這種情況，內心就會越來越焦躁。

沒有工作就會感到不安，因而不斷工作的人，絕對不是因為內心深處想要努力奮發。

離開工作崗位就會覺得不安，
絕對不是因為內心深處想要努力奮發，
而是想藉由各種工作的達成，來填補心中的空虛感。

話說回來，為什麼內心會感到空虛呢？答案很難以一句話來做解釋。不過若說是因為覺得孤單，應該算是正確的吧！只是我必須先聲明，這是壓抑所造成的結果。

「孤單」跟「空虛」可說是緊密相連的一體兩面。可是，為什麼還會有人無法跟其他人變得親密呢？就是因為在心中壓抑著真正的情感，所以才會出現這種矛盾的情況。

如果人們能夠隨順自己心中自然的情感來生活，應該就不會為了內心的空虛而感到痛苦了吧！沒辦法隨著自然的情感過日子，只能依附在造作的情感中生活，才會逐漸感覺不到自己的心意，更無法釐清活著的意義。於是，有些人在工作或性愛當中，找尋「達成感」以做為救贖。

如果你是那種即使再勞累，也不敢放下工作，並且常常無法放自己一天假，無法提醒自己要休息的人，請試著省思一下，看看自己的內心，是否已經失去某一種自然的情感了。

為什麼有些人離開工作不會覺得不安，可以開心的去旅行、去遊學，或是學習其他的才藝，可是自己卻會因此而感到不安呢？請從這個問題開始出發：你對於自己的自然情感，一直抱持著莫名的罪惡感，所以才會無法跳脫以造作的情感過日子。

習慣壓抑想撒嬌、想放鬆、想做自己的事實，其結果會讓自己無法在自然的情感中過生活，最後導致內心空洞化，迷失了自己。

與其讓自己不斷的「瞎忙」，不斷在各種領域中達成一個接著一個的目標，不如平時多加留意，想辦法跟自己心中的真實情感做連結與接觸，改變自己的行動方向。

人類這種生物，其實是非常複雜難解的。即使將外在的束縛解開，也未必就能馬上擁有光明燦爛的人生，因此，掌握好自己的內在情感，是維持身心健康最重要的一環。這也是我們必須持續努力，時時自勉，勇敢追尋真實自我的原因。

其實，你可以這樣思考！

即使再累，你也不敢休息或請假，常被人說是工作狂嗎？

如果習慣壓抑自己內心的欲望、不敢撒嬌、不敢面對真實的自己，其結果會讓自己喪失自然的情感，導致內心空洞，不知為何而活的危險狀況。因此，不要常常把行程排滿，每天要適度的休息，每週、每月或每年都要有適當的假期，讓自己有充分的機會實踐內心的渴望，讓自己充分知覺到：自己是為自己而活的。

深受性解放威脅的現代人

越是遵守外在世界的規則，就會累積越多內在心靈與精神的壓力。性愛這件事，隨著社會風氣的逐漸開放，也成為了某些人內在的負擔。不論是男性或女性，都必須在另一半的面前，證明自己在這一方面到底有多麼棒。而在此同時，這就會演變成彼此之間被互相測試的心理負擔。正如前面所說的，男性的不舉，或女性的性冷感，都變成一種非常嚴重的問題。

彼此之間產生親密舉動的目的，有時候，不再是單純的性愛滿足，而是雙方藉此用來展現自己的男性雄風或是女性魅力，一種各自努力達成的「測驗項目」。

對於原本與社會就有一條鴻溝的心理障礙者來說，尤其會受到社會意識的牽絆，也想要藉由性愛的目標達成，來確定和伴侶之間的親密關係。結果導致兩人之間真實的感情變得是其次的，性愛這個測試目標，倒是變成了努力的焦點，對於沒辦法跟別人親近的心理障礙患者來說，這件事理所當然會成為心理的負擔。在心靈層面上，原本就無法順利跟其他人產生交流的他們，眼見「性愛」似乎是一種突破心靈障礙的方法，因此更不容許自己失敗，會給自己更大的壓力。

另一個問題是，同樣具有心理障礙傾向的人，彼此在心底深處是互相排斥的，不論是異性之間，還是同性之間都一樣。不過，他們並不承認「彼此在心底深處互相排斥」的這件事，他們只希望彼此之間，真的能夠具有親密關係。

因此，經常可以見到兩人互相吸引，卻又同時彼此抗拒，像「歡喜冤家」般的彼此折磨，這樣極端的案例其實非常多。

他們會以為，要打破這種內心深處對於彼此的抗拒和矛盾，就必須達成性愛這個目標。但是只是雙方在受到內心糾葛而苦的同時，已在潛意識的層面中拒絕了彼此，所以，不論男女雙方在行動上如何努力，大部分仍會在這種企圖上遭遇失敗。

這是因為人類會被「潛意識」所支配。在潛意識層面的抗拒，會成為彼此之間欲求達成的障礙。理論上，為了讓彼此從「內心的鴻溝」中轉移注意力，似乎可以藉由在性愛的目標上做努力，如果可以成功達到性愛的目標，就能夠順利將注意力從內心的鴻溝中轉移。然而在事實上，彼此的內心當中，還是有一條極深的鴻溝存在。因為人的真實情感是「精神層面」的，想單純藉由肉體或物質的方法，是永遠沒有辦法達成滿足的。

這種情況，在同性或不涉及性愛的異性朋友之間也是一樣的。

所謂有憂鬱症傾向的人無法跟別人對立，就是指這種情況。彼此之間或是單方面，在心中已有一道障礙的牆垣阻隔，但不想被發現，所以會盡量避免表面上的對立產生。

為了保護和掩藏自己，心底深處雖然跟別人對立，但表面上絕對不能表現出對立的態度。

若是像一般人，在心靈上能夠順利與人交流，那麼彼此在意見上即使有時候跟對方出現對立的情況，心中也不會感到懼怕。可是憂鬱症傾向的人為了保護自己，會在周圍築起一道牆，結果反而導致自己沒辦法表達自己跟別人不一樣的立場。

如果可以在面對他人時敞開心胸，就算說出與對方不同的看法、相反的意見、甚至在利害關係上有所對立，也不會出現嚴重的問題。

可是心靈上無法順利跟對方產生交流的人，在空虛感的影響之下，沒辦法跟別人對立，結果反而只好以「凡事讓步」的方式來處理人際關係，而且在工作或性愛上，也不得不持續努力去達成一個接著一個的目標。

然而，像這樣的努力，最後往往都會失敗。或者說越是持續努力，就越快消耗殆盡，最後整個人都陷入「Apathy 現象」（冷漠、無情感）。

有心理障礙傾向的人，經常會在人生當中，設立各種目標，然後忙著去達成。與其說當自己不斷完成一個接著一個的目標時，會覺得自己的人生圓滿順利，不如說在跟別人變得親密時，如果可以感覺到自己的人生圓滿順利，情緒變得平穩，就是他們所謂的成功。

自己的人生，即使沒有完成任何一樣偉大的成就，可是只要能跟其他人變得親密，內心就可以感到滿足的話，便會覺得自己的努力方向並沒有錯誤。若是能朝向這樣的方向來努力，相信就不會出現消耗殆盡的「Apathy 現象」。

所謂落入「Apathy 現象」的人，是指將所有事物都設定完成目標，去努力達成的人。甚至連「休息」，都可以成為他們努力達成的目標。

對他們來說，並不是是否需休息的問題，而是要怎樣有效率地休息，才是導致他們出問題的原因。**如果可以在短時間之內達到休息的目的，就是一次成功的休息，而這正是他們認為休息目標達成了。**

不論是工作上的達成，還是休息上的達成，對他們來說，在意識的構成上都是一樣的。在面對工作或是打算要休息時，都是相同的心態，因此就如同工作時一般，「休息」這件事也會有成功跟失敗。

所謂休息上的失敗，與其說是完全無法得到休息，不如說是沒辦法得到休息的效果。跟工作不順利時會心生焦慮一樣，沒辦法好好休息時，也會感到心浮氣躁。以睡眠為例，若是躺下後始終無法進入沉睡之中，就會開始覺得心浮氣躁。

這並不是指躺在床上時的心情好不好，而是他們沒有辦法讓自己放鬆，因此無法獲得滿足感。對這種人來說，休息也是一種必須去達成的目標，就跟前面提到的性愛目標是同樣的道理。

白日夢的喘息

高不成低不就的感覺，總使人懊惱不已

想要撒嬌的欲求，是人們內心原始的基本欲求，如果沒有獲得充分地滿足，這種欲求就會以各式各樣的形式顯現，例如：白日夢。

我在青少年時期，只要一有時間，就會老是沉浸在白日夢當中。雖然是生活在現實的世界裡，可是內心卻遠離現實，活在另一個世界。這是一件非常辛苦的事，而且在漫長的白日夢之後，會有一片無止境的空虛感，不斷在心中蔓延開來。

於是就在某一天，我突然注意到一件事——原來我是透過白日夢，來間接滿足心中那個未曾獲得滿足的撒嬌欲求。

然而，這畢竟不是直接獲得滿足，因此，總是伴隨著空虛感，好像獲得滿足，又好像沒有得到滿足感，結果欲求始終都無法消失。我的白日夢，內容完全就是不斷用來滿足內心想撒嬌的欲求。

就如同肉體會產生無可救藥的食欲或性欲一般，在心理上，也有一種無可救藥的撒嬌欲求。

如果青年時期的性欲沒有得到滿足，日後就會出現理智上想克制卻無法制止的自慰行為，而白日夢也是一樣的，雖然理智上想要克制，卻始終無法做到。

不論是哪一種，由於都不是實際上真的實現，所以，之後只會出現毫無止境的空虛感。

在美國有一本名為《聰明女人／愚蠢選擇》（*Smart Women / Foolish Choices*）的暢銷書，其中，有一段話是這麼說的：

「*……whenever we achieve anything in an indirect way, we feel bad inside.*」

當我們只是以「間接方式」達成某個目標時，情緒總會莫名其妙地變差。即使試著利用白日夢來滿足想撒嬌的欲求，也得不到真正直接被滿足時那種痛快的感受。這就跟要點小任性或鬧鬧彆扭，來達到目的時是一樣的。

以這種方式來完成某一件事，也不會因此而產生自信。做做白日夢、耍性子鬧彆扭的人，其實並不知道，自己心中對於情愛渴求的不滿，竟然是如此之大。

如果能直接面對自己的欲求不滿，在問題的解決上，就能獲得很大的幫助。至少不會在漫長的成長過程中，產生可怕的累積效應。若是在自己心中，把「想撒嬌」的欲求，當成一件不好的事而加以排斥，結果就會失去活著的真實感受。

那麼，在什麼狀態下，最容易出現這種情況呢？

首先，是對於父母的「親情欲求」沒有得到滿足的時候，可是在自己心中，卻又不承認自己的不滿，也就是把這個撒嬌欲求，視為不好的事來加以抑制。如此一來，等你長大成為別人的父母，可能就會把這種反應，投射在自己的孩子身上，也就是如果你在孩子身上，看到一點點想要撒嬌的欲求，就會強烈地加以指責。

在孩子身上看到一點點想要撒嬌的欲求，就強烈地加以指責，這種做法，可以暫時解決父母自己內心的糾葛。

當父母自己心中也有幼年時想要撒嬌的欲求沒被滿足，看到自己的孩子也想撒嬌，才會在內心產生了糾葛。為了暫時解決這個窘境，於是選擇指責孩子想撒嬌的欲求，把問題的注意力，轉移到自己的孩子身上，主要是讓自己獲得片刻的心靈逃逸，不去面對自己的問題，避免自己受到創傷。

像這樣不理解或不面對真實自我的父母，當然也無法用真情善待自己的兒女，所以在面對情感交流的關鍵時刻──撒嬌，只好把兒女當成指責的對象，藉由強烈指責孩子想要撒嬌的欲求，來將這件事情完全從自己的意識中排除掉。

此刻，有意識的自己，跟潛意識中無意識的自己開始分裂。如果像這樣出現自我分裂的情況，所謂的「我」，就會失去確實存在的感覺，即為自我認同的喪失，自己逐漸變得沒辦法感覺到自己的存在，「強烈需要某件事物」，必須「因為有某件事物，自己才有辦法活下去」。一定要緊緊抓住某個東西，否則就會變得活不下去。

已經失去「我」這個實際感受的人，會為了不斷想要追尋自己的存在感而產生焦慮，因為他們一直覺得必須藉由外物，去確定自己真的還存在著。

只要緊緊抓住某個事物，才可以得到這種感覺，所以，為了證明自己的存在，他們不斷的找尋某個事物，然後緊緊抓住，當成存活的依附。

其實，你可以這樣思考！

孩子想要跟你撒嬌，你通常會強烈地加以指責，要求他要自立自強嗎？

當你看到別人在撒嬌，或想撒嬌時，心裡會感覺不舒服或生氣嗎？這表示你從小撒嬌欲求並沒有獲得滿足哩！請以真心關懷你的人為對象，也自己來進行撒嬌練習吧！表達自己內心渴望的事物，說出真心話或對事物的真實感受，就能逐漸看見真實的自己，填滿內心的空虛感。

自我分裂的危險

具有強烈規範意識的人，活得非常痛苦

有強烈規範意識的人，也有一樣的問題。因為失去活著的真實感受，於是想藉由規範意識，重新尋回自己的定位，才會不斷強調和誇大規範意識。最終就是凡事都以「應該要如何、如何做才行」來處置，結果失去了做人的柔軟度和感情面。

不論是面對自己或他人，都採取毫不留情的規範意識，並且因此而受苦的人，內心的自我處於分裂的狀態，而且自己並沒有認知到這樣的事實。

羅洛．梅也討論過強迫性的嚴格道德主義，是缺乏自我存在感的結果。

「*……compulsive and rigid moralism arises in given persons precisely as the result of a lack of a sense of being.*」

已經失去活著的樂趣，這是他們心中常常浮現的想法。即使是去散個步，也會出現「自己為什麼要做這件事？」的質疑情緒，所以，完全無法感受散步的樂趣。一個人獨自坐在椅子上，當風吹拂過自己的臉頰時，更不會因為覺得好舒服啊～而感到心滿意足。內心始終為了「自己為何要做這件事？」而感到焦慮不已。因為光是冷風吹過臉頰，並不能幫忙證明自己的存在。

心理健康的人，沒有自我認同發生分裂的困擾，光是一陣冷風吹過臉頰，就已足夠證明自己的存在，沒有必要再向外追求任何證明。

過度堅持意識規範，而導致生活遭遇困難的情況，其實是一種缺乏存在感的補償作用。有這種困擾的人，只要稍微注意一下，或許就會發現自己的存在就是想撒嬌的欲求。說不定自己的所言所行，已經完全被「想要撒嬌」的欲求所占據了。

可是，就因為自己絕對不可能意識到這件事，才會讓自己的人生變得如此辛苦難熬。這並不是指工作上的辛苦，或是食物不合口味等等。光是活著這件事，就會讓人感到辛苦難耐，光是坐在那裡，也會覺得痛苦無比。

之所以會讓自己活得如此辛苦，是因為在意識當中，幾乎已經完全排除實際存在的自我，卻把其中一小部分的自我，視為就是自己的全部。

自己不論是吃東西、走路、甚至是單純地站著而已，大部分的時間，都把自我的存在當成一件不被允許的事，認為做這些都沒有意義。就因為把實際在吃東西、走路的自己當成是「沒有這回事」或「這些事很無意義」，所以才會覺得自己無法充分體驗各種經驗和感覺，理所當然的，也沒辦法在每一個經驗中獲得滿足。

對自己有信心的人，不會出現這種自我分裂的情況。**而所謂的「自信」，也絕對不會從別人的評價中出現，不論別人給予再高的評價，內心自我分裂的人，依然沒辦法對自己產生信心**。

另外，相反的，還有一種人可以隨時處於平穩的情緒中，儘管別人給予的評價並不高，也能充分享受活著的樂趣。像這樣可以隨時處於平穩情緒中的人，就是想要撒嬌的欲求已經得到滿足的人。這種人所意識到的自我，其實非常接近真實的自己。因此，他們不需要特別利用奇奇怪怪的方法，來確認自我的存在。越是自我分裂的人，還有潛意識的領域越大的人，就越是會刻意地去意識自己所做過的每一件事情。

所謂的自信，絕對不會從別人的評價中出現。
儘管別人給予的評價並不高，
也是有人能夠充分享受活著的樂趣，
而且始終處在平穩的情緒中。

其實，你可以這樣思考！

常覺得日子沒有意義？感到沮喪或憤怒？當心，可能有自我分裂的問題。

內心自我分裂的人即使受到別人鼓勵，依然對自己沒有信心，認為所作所為都沒有意義。相反的，如果你情緒平穩，儘管別人給予的評價並不高，仍能充分享受活著的樂趣，這表示你的心理健康，想撒嬌的欲求多有得到滿足。

給自己存在感

每個人都擁有對自我的專屬評價

所謂的「自我評價」，會依據每個人的童年時光，自我存在是否得到祝福和允許，而出現自我評價增高或降低的情況。只要受到壓抑的撒嬌欲求沒有獲得滿足，即使在社會上擁有再高的地位和評價，內心對於自我的評價也不會增加。

若是內心的自我評價很低，卻擁有來自社會的高評價，那麼只會導致此人有心理障礙傾向的自尊心升高。可是，這個人在情緒上不穩定的情況，是不會有所改變的。

情緒不穩定、心浮氣燥、感覺活著是一件很痛苦的事、擔心別人會不會覺得自己很糟糕等等，這些徵兆都一再地顯示著：「實際的自己」跟「自己所認知的自己」是完全不一樣的。

其實，你正在壓抑著真實的自我，你所想像的自己，跟實際上真實的自己是不一樣。動不動就對家人動怒的人，或是一下子就心情不好的人，像這樣的人，也是屬於同樣的情況。

壓抑的意識，其實經常被當事人所忽略。也就是心情不好的人，其實並不認同自己正在心情不好這件事。從這個角度來看的話，經常因為別人對待自己的態度而感到不滿的人，有可能必須先反省自己，說不定「實際的自己」跟「自己所想像中的自己」剛好是完全相反。

如果連自己都搞不清楚自己，別人就更不可能搞懂你了。

偽裝剛強只因脆弱

防衛本能強的人，會以「愛」為幻影來保護自我

前面的章節，曾針對強烈指責孩子撒嬌欲求的父母做過說明。在這種情況當中，大部分的父母，本身都是情愛欲求未得到滿足。

那麼，為什麼這樣的父母，會「相信」自己的愛已經獲得滿足了呢？這個當然有其背後發展的原因。

例如這位父親在公司受到挫折，或是對自己感到失望，他沒辦法產生自我認同，他開始在心中築牆保護自己——想在社會上出人頭地「真是沒意義」、什麼男人的戰爭「真是無聊沒水準」、這種簡直就是「幼稚的行為」等，用這些思考方式否定自己在社會上所受到的挫折。雖然打從心底深處對自己感到失望，可是卻又不想承認這種失望。

對於自信心不足的人來說，在這種窘況下，可以一次解決所有問題的就是「愛」。

這種時候，只要心想「只有愛才是最重要的」，一旦以「愛」為藉口，就可以一次解決內心的複雜糾葛。

有時為了解決心中的糾葛，「愛」就會被拿來做高調宣揚。只要強調自己是個「有愛之人」，即可避免自己得跟自己的失望直接面對面。

如果自己的情愛欲求其實是受到壓抑的，根本沒有被滿足，坦誠自己在情愛上是處於饑渴的狀態，那麼，在社會中遭致挫折、對自己感到失望的時候，心裡就完全沒有「撐場面的靠山」了。

如果連「愛」都受到挫敗的話，就不得不直接面對心中對自己所產生的失望了，那時這種人的情緒和心理狀態，可像是毀天滅地般的危險。

就是為了要幫自己從社會上遭受的挫敗轉移注意力，所以才要特別強調「愛」。

這個「愛」，完全是為了避免在社會上的挫敗，對自己所帶來的傷害，為了守護自己，不讓自己受傷，才拿來當幌子的。因此，就算有些人自己心中，其實充滿了情愛的饑餓感，也不會予以承認的。

在這個世界上，只要稍微觀察那些喜歡刻意強調愛的人，就可以發現，

其實這種人，比一般人更不容易愛別人，事實上是屬於冷漠之人。也就是跟一般人比起來，經常會發現他們在情愛的欲求上，更沒有得到滿足。

刻意強調愛這件事，是打算藉此來解決自己心中的某一種糾葛。而且有時候，像這樣的人們，還會聚集在一起成為某種團體。

雖然眾人一起合唱「愛的真諦」，但他們卻比一般人更無法付出愛，同時也不能接受愛。他們是一種扭曲愛的團體，這些人之所以會強調愛，只不過是想保護自己避免傷害罷了。這其實是一種可怕的情緒壓抑團體，隸屬於這種團體的人，不僅無法了解自己，同時也無法了解他人。

隸屬於這種團體的人，基本上彼此之間是互不關心的。他們只是一味地「相信」彼此之間是互相關愛的。其中最重要的是，這些人根本就無法了解彼此的個性，其中彼此之間互不關心的證據，就是他們並沒有注意到對方心中所受到的傷害。大家都只想拚命守護著自己內心的傷口，所以無暇顧及別人的事情。

另外，隸屬於這種團體的人，也非常害怕「改變」這件事。他們希望能維持現狀，只願意接受某種既定的意見與觀點，這是一種防衛機制。因此他

我們可以發現，
喜歡刻意強調愛的人，
是比一般人更不容易愛別人的冷漠之人，
或是他們在情愛的欲求上並沒有得到滿足。

們經常捨棄具體的改變行動，卻會利用誇張的解釋或藉口來解決一切問題。

之所以會批評某些事物「沒水準、沒意義」，其實，是為了要將自己沒有勇氣採取行動這件事合理化。

如此一來，即使自己的愛沒有被滿足，也可以理直氣壯的不去承認。像這樣壓抑著情愛欲求的人，就會在弱者當中，尋找想要撒嬌的欲求者，並且加以嚴厲地斥責。

強調愛，是為了解決自己內心的糾葛；而嚴厲指責孩子的撒嬌欲求，也同樣是為了解決自己心中的糾葛。這些人一切的行為，其實多數都是為了解決自己內心的糾葛。缺乏勇氣去面對現實的人，從頭到尾，終其一生，都會以這種方式來保護自己。

可是事實上，這所有的防衛行動，都沒辦法真正解決心中任何一個糾葛。為了彰顯自己人生的意義，在反省自己是不是這種人的同時，也有必要反省一下，小時候在自己的身邊，有沒有這樣的人存在。

欲求不滿難以轉大人

有依賴心的人無須隱藏，而是要有所自覺

對於幼稚園的小朋友，應該不會有人以嚴厲的方式，來教導他們什麼是自由與責任。也不會有人抓著幼稚園的小朋友，訓斥說：「你們應該要懂得自律才行。」對襁褓中的嬰兒說：「不希望你們來依賴我。」哦、不，或許有例外的人會這麼做也說不定，那些內心生病的人就會這麼做。

不過，一旦成為二十歲的青年、四十歲的壯年人，以這種方式來對你說教的人就會增加。不，應該說我們的文化就是如此。

另一方面，二十歲的青年，他們的心智都已經順利「轉大人」了嗎？三十歲、四十歲的人，他們的情緒真的已經成熟了嗎？

壓抑著想撒嬌的欲求而成長到了三十歲、四十歲的人，想要撒嬌的欲求仍然會殘留在心中，只是當事者可能自己沒有意識到罷了。

從社會的角度來看，年齡是三十歲的人，經濟方面已經完全獨立，表面

上過著符合三十歲成年人的生活。不過，此人的心底深處，卻還可能停留在三歲的階段。

如果要訓誡這個人，到底要說些什麼才好呢？這個人在成人世界中，已經完全相信自己是個「懂得如何自律的人」，這究竟又是怎麼一回事呢？

這個人，終於可以從自己心中「想要撒嬌」的欲求上轉移注意力，好不容易打算要把自己心中那個「認為撒嬌欲求是不好的事」，從自己的意識當中加以排除。

可是不論怎樣努力，想從意識當中加以排除，已經存在的東西就是存在著。這個人在潛意識裡，還是會隨著想要撒嬌的欲求而起舞。只是不會直接以撒嬌的欲求來表現，而是利用各種藉口，來將這種行為正當化。

《聰明女人／愚蠢選擇》這本書當中，出現各種「自律的女性」所遭受到的麻煩案例。活躍在社會上的女性，以及自認為非常優秀的女性，她們跟男性之間的互動關係，似乎都進行得不太平順。

書中也提到了所謂「隱藏式依賴的必要性」之觀點。認為這些女性們為了發展自己的事業，自主、獨立就是必要的條件。

不過即使身為職業婦女，女性終究還是女性。對這些女性來說，工作充滿了緊張情緒，而且必須完全獨立不依靠別人生活，更是一種莫大的壓力。即使身為女性，也不可以依賴男性，女人同樣要自力更生，才有機會活出自己的人生，女性並非只是柔弱的女性。像這樣的想法，聽起來很合理，非常容易被接受。

為什麼這麼說呢？因為以上都是正確的說法。只是，這些都有其必要的條件。也就是從小對於想要撒嬌的欲求，如果都已經獲得滿足，這樣的女性才會渴望如此的生活方式。

例如有一位名為瑪莉的女性職員，她在工作上表現非常成功，並且與完全男性作風的湯姆結婚。

和湯姆結婚之後，瑪莉開始幻想要把工作辭掉。沉溺在這種幻想當中是非常快樂的，所以瑪莉雖然一邊工作，仍樂此不疲不斷的一邊追求幻想，她自認為生活已受到丈夫的保護，因此，開始考慮要以母親和妻子的身份來過日子。

同時，瑪莉也開始注意到，自己在工作上感到很勞累，也察覺肩負責任讓自己產生厭倦。日復一日不斷進行工作所帶來的壓力，都讓瑪莉覺得身心俱疲。

於是某一個晚上，在一次特別熱情的性愛之後，瑪莉跟丈夫湯姆提到自己想辭去工作的事，沒想到，湯姆竟然表現出極度忿怒。

湯姆希望瑪莉可以繼續工作。對湯姆來說，他恐怕無法想像沒有工作的瑪莉會是什麼模樣吧？此外，他也覺得女性依賴別人，並不是一個很好的生活方式。

其中更重要的是，湯姆完全沒想到，身為女性高階主管的瑪莉，內心竟然隱藏了想要依賴別人的欲望。

當湯姆聽到瑪莉的想法時，心裡應該有一種被欺騙的感覺吧？可是在瑪莉心中，確實存在一股無法否認的依賴願望。

依賴是不好的，相信大家應該都沒有反對的意見。我也曾經發表過：「依賴，會對人類生活產生破壞」。「成年之後，還有依賴心的話並不是一件好事」。等理論這個論點，不管是誰都很難加以反駁，多數人相信現在我所說的是正確的。

不過，這個論點卻經常會被人錯誤解讀。所謂成年之後還有依賴心並不是一件好事，重點是指在長大成年之前，希望大家都能先滿足內心想要撒嬌的欲求。

雖然，我說過成年之後還有依賴心並不是一件好事，可是事實上已經有依賴心的話也是無可奈何的。雖說下雨天心情就會變差，但下雨天終究還是無可避免。

成年後完全沒有依賴心，不論對男性或女性來說，都是最棒的情況。可是內心如果確實還有想要依賴他人的欲求，就有必要認清「自己心中仍有依賴欲求」的這個事實。

最糟糕的情況就是，明明有依賴他人的欲求，還表現出一副自己完全沒有問題的模樣。

就像是事實上並不是什麼了不起的事，卻擺出非常了不起的架子，這種情況不管對當事者，或是周遭的人，破壞力都相當大。像這樣子的人，身邊總是紛爭不斷。

假借「正義」之名，來頻繁地指責別人，這種人就是無法認清自己心中仍然有想要依賴的欲求。

像這樣子的人，是企圖利用跟別人的糾纏過程，來間接滿足自己的依賴欲求。例如妻子假借沒有適當的衣服穿，所以不想參加宴會，來讓老公傷腦筋，透過讓老公傷腦筋這件事，來間接滿足自己想要買衣服的撒嬌欲求。

如果稍微注意一下這種人的內心，搞不好就會發現，連本人都大感訝異的重度撒嬌欲求。

自覺脫離分裂之苦

心中矛盾，是由撒嬌欲望所產生的

如果內心隱藏著撒嬌的欲求，就意味著同時擁有正反兩面的情感，面對別人時，自然會顯出矛盾的舉措。一方面既無法坦率地離開，在一起又覺得很不愉快，雖然不至於感到辛苦勞累，可是彼此之間的氣氛就是沉重苦悶，雖然很討厭，但同時又覺得很喜歡，不斷為了這種矛盾而受到折磨。

當你遇到這樣的人，雖然很想向對方說「你不要再來糾纏我了！」可是對方還是會死纏不放。你必須做的是喚醒他的自覺，或是看穿他的欲求，在可能的條件下滿足他，才可能改善彼此的互動關係和感受。

內心所隱藏的撒嬌欲求一旦消失，不僅跟原本相處彆扭的人，互動時會變得比較愉快，而且自己的情緒，也可以變得輕鬆悠閒。**對於不喜歡的人，也可以勇敢去討厭，只喜歡自己喜歡的人，這樣的人生，會變得非常真實而有力量。**

即使目前你的內心存有依賴的欲求，只要自己能夠有所認知，有所自覺，就可以積極尋求方法獲得滿足，跳脫出矯揉造作的偽裝，避免在情感上產生矛盾的現象。

深受欲求不滿所苦的人，雖然多數都給人脾氣古怪的印象，其實他們內心非常渴望被愛，只是對於如此的渴求沒辦法主動察覺。

沒有自覺，卻又希望滿足心中的渴望，所以才會老是說些什麼道德、原則、身為一個人類不可以做出這種事等等，不斷找藉口。

如果可以自己察覺到心中的「渴求」，對某一類型心病的恢復，具有決定性的影響力。自己真的明白內心的狀態，知道心中正在渴望著、正在追求著、自己正處於無可救藥的饑渴狀態中，這種自覺，是恢復身心平衡非常重要的關鍵。

如果是肉體的問題，不管是誰都可以很清楚掌握自己的實際狀態，肚子餓的人知道自己正在渴求著食物。可是對愛產生饑渴的人，卻未必能清楚地了解自己正在渴求著愛情或親情。相反地，自己如果獲得滿滿的愛時，卻是可以感覺得到的。

這種愛跟所謂的性愛不同，對於性愛感到饑渴的人，並不會覺得自己在性愛上獲得充分的滿足。

如果能注意到自己內心的饑渴，就表示自己已經在做出壓抑的動作。不過要完全注意到自己內心的饑渴狀態，其實是非常困難的事。

只是壓抑撒嬌欲求，就會莫名其妙地感覺到自己失去依靠，甚至覺得自己的存在是缺乏基礎根據的，充滿了不確定感。

自我壓抑的人，經常會逐漸搞不清楚自己所期望的到底是什麼。尤其是微小的事情更是如此。

至於重大的事情，則會產生各式各樣的錯覺，例如自己在將來想做什麼等等，對於類似的事情，明明自己內心深處完全不希望如此，卻有很多人會抱持著自己就是希望這樣的錯覺。**自我壓抑的人常把別人對自己的期待，誤認為這就是自己內心所期待的事**。

經常可見到一些年輕人繼承父母事業，明明心底深處並不想承接父母的事業，只是因為父母對自己抱持著期待，所以就開始「相信」這就是自己真的想做的事。

深受欲求不滿所苦的人，
雖然多數都給人脾氣古怪的印象，
其實他們內心非常渴望被愛。

在日常生活中的小事，常常會變得連自己都搞不清楚，到底像學的是什麼？像是到底要穿哪一件衣服？究竟喜歡哪一種顏色？想在哪一張桌子上書寫？很想去旅行，但是到底要去哪裡呢？

動不動就全身緊繃、緊張兮兮的人，通常也是內心欲求不滿的人。像這樣子的人，首先請試著去反省，自己是否對自己隱藏著什麼事。在這種時候，說不定就可以發現心中藏有想要依賴的欲求、或是想要撒嬌的欲求。

如果想要撒嬌的欲求能夠獲得滿足，就表示自己是被別人所接受的。若因為害羞，而沒辦法在某人面前表現出撒嬌的欲求，則表示自己是被對方所拒絕的，或是你在對方面前太缺乏自信心，必須努力加強自我的認同感。

可以隨心所欲向自己的父母表現出撒嬌的行為，就是被父母所接受的人，透過這種「被接受」的感覺，有助於確定自我認同感。所以說，童年是人格發展最重要的階段，對未來一生的心靈健康具有決定性的影響。

相反的，想撒嬌的欲求得不到滿足，甚至被迫必須放棄的人，則是被父母所拒絕的人。這樣的後果，會造成孩子自我的認同感也變得無法確立，而且往後還會造成自認凡事都不合格的自卑情結。

不過，最糟的情況並不是父母不接受自己，而是明明不被接受，卻依然深信自己是被父母所接受的。

下雨天並非不好的日子，只要相信下雨天就只是下雨天，心靈上依然可以是好心情，那麼心靈上的疾病，就能獲得痊癒。

第3章

感到不安，是因為看不見真正的自己

總往壞處想的自衛反射

心中不安是源自何處？

所謂的安心感是從哪裡產生的呢？其中的來源之一，就是擁有一個不會被別人干涉、完全屬於自己的世界。

我們都知道「思覺失調症」的患者，會一直處在不安的狀態當中。他們並不擁有屬於自己的世界，老是擔心害怕自己的世界會被別人偷窺，因而無法安心。

唯有擁有一個自己專屬、任誰都不能來窺探的世界，人才有可能獲得安心感。能夠建立起這種基本的安全感，人類所具備的各項機能和智慧，才有辦法充分地運作。

如果可以擁有這樣的安全感，在工作或讀書方面，也才能集中注意力。當人處在不安的狀態下，不可能達到渾然忘我的專心境界。「專心」跟「自閉」完全是兩回事，由於不安，才會轉變成為自閉。之所以會自閉，主要是一直感到不安，而覺得必須嚴加保護自己。相反的，人若是不會覺得不安，就可以表現出集中專注的一面。

許多有心理障礙傾向的人，之所以會因為不安而感覺煩惱，則是由於缺乏自信，擔心內心世界被別人窺視。也因為這樣的不安，才會刻意向別人表示自己的重要性，刻意的態度和方式，往往不是一般人所能理解的。

向別人誇示自己的重要性，不過是為了掩飾內心想法被看穿的不安。若是以另一個角度來看，這些人雖然努力向別人誇示自己的重要性，但其實從對方的眼裡看來，不過是拚命在找藉口罷了。

此外，有心理障礙傾向的人，還會壓抑內心的攻擊性。一旦壓抑內心對別人的敵意，就會反覆投射在自己的身上，也就是動不動就覺得別人似乎要來攻擊自己，而這不過是對於自身弱點的過度意識罷了。

對於有心理障礙傾向的人來說，並不是每一個人都會讓他感到不安。例如跟某位A先生在一起時會覺得不安，可是跟另一位B先生相處時，卻莫名地感到安心。

若是分析為什麼跟A在一起會覺得不安，而跟B卻能安心相處，這是因為跟B在一起的時候，攻擊性不會出現投射的反應，而跟A在一起時，則會出現攻擊性的投射反應。我們會擔心遭受攻擊的地方，當然就是自己的弱點。因此就如同前面所說的，**跟A在一起時，會過度意識到自己的弱點，所以才會覺得自己必須採取什麼樣的辯護姿態，也就是心中認為，自己此刻，一定要向對方展現出堅強優秀的一面才行。**

另一方面，由於跟B相處時，並沒有相對感受到自己的弱點，所以不需要刻意保護自己，因此沒有攻擊性產生，也就不需要壓抑自己的攻擊性了。這種情況下，就不會出現所謂的「反射現象」。

因為不覺得自己的弱點會受到揭露或比較，因此沒有必要去掩蓋或防衛自己的弱點。於是乎就不用在對方面前，去誇示自己的堅強或優點。這是最健康的心理狀態。

如果一個人能對自己的內在有信心的話，不管跟什麼樣的人在一起，都不會採取防衛的態度。人類會因為害怕自己柔弱的內心世界被窺探、甚至於受到攻擊，所以才會出現防衛過度的反應，並且為了展現自己最好的一面而感到焦慮。

話說回來，會覺得自己柔弱的內心世界被別人注意、窺視的人，他們的感受，其實本就跟心理健康的人有所不同。

其實，你可以這樣思考！

在別人面前，你常不經意的去誇耀自己的能力或重要性嗎？

越是誇大自我的人，內心越是看低自己，因此怕別人也看低他。其實人都具有獨特性，無法被量化或評價，被別人「看穿」其實是被別人「了解」，不是被別人「看低」，在意識上一定要建立自我的信心，肯定自己的價值，不用花費心神去強調自我，或擔心受別人輕視。

虛情假意必有所圖

要留意虛偽奉承之人

有些人看似好強，常急於向別人展現自己的堅強或優點，並且為自己的表現感到焦慮。如果沒辦法向別人展現自己堅強優勢的一面，就沒辦法感到安心。

從這個角度來看，他們內心的焦慮，其實是來自於急著想讓自己安心。正在焦慮的人，一心只想趕緊保護自己，所以，根本就沒有打算要跟對方好好溝通。

內心焦慮的人，很害怕自己的弱點被對方看見。如果沒有想辦法讓對方認為自己很堅強的話，就無法感到安心，他會一直焦慮對方是否會看不起自己，努力的想給對方留下自己很強的印象。

若是論及為什麼那麼急於在對方心中留下堅強的印象，就如同前面所說的，是因為心中壓抑的攻擊性投射在對方身上。

如果某人會讓你不知不覺地產生焦慮感，那麼這個人，就是你不太喜歡的人，甚至是打從心底深處討厭著對方。如此一來，只要跟這個人在一起，就會莫名地感到煩躁。

雖然打從心底深處討厭著某個人，可是說不定有什麼樣的原因，讓你無法意識到自己其實很討厭這個人。這有可能是你在心理上非常依賴對方，或是因為內心感到孤單，而非常希望有人來奉承自己，剛好此人很會拍馬屁等等，總之，有各式各樣的理由，讓你不自覺的依賴著你其實很討厭的人。

想要藉由受到別人喜愛來保護自己，像這種人，當然不管面對誰都會保持和善的面孔。這跟自己是否打從心底深處喜歡或討厭對方毫無關係，另外，也跟對方是否尊重你的人格，或是瞧不起你沒有任何關聯，總之，這種人一心就是希望別人能喜愛自己。

雖然不管雙方是什麼樣的關係，都希望能博取對方的好感，可是在心底深處，終究還是有「喜歡之人」跟「討厭之人」的區分。只是認為想要「受到大家喜愛」極為重要，而且覺得這種必要性非常大，所以，埋藏在心底深處真實的喜歡或討厭對方等情感，很少被自己意識到。

如果有適合自己交往的對象，而且自己也很喜歡對方，那麼努力讓對方也喜歡自己，當然是非常自然的事。相反的，如果對方是個自私自利的人，雖然打從心底深處討厭著對方，但還是有人會努力地想去贏得對方的好感，這就是為了「受到別人喜愛」的過度反應。

後者的情況，理所當然會產生內心的壓抑。這種壓抑會引起不安，並且帶來焦慮的感覺。因此，如果有某個人，會讓你莫名地感到焦慮的話，就有必要試著思考，是不是自己打從心底深處感到討厭對方？你實在無法喜歡對方？

即使打從心底討厭著對方，可是心裡還找了其他的理由，讓自己覺得有必要去討好對方，認為自己非贏得他的好感不可。像這樣**堅信自己不得不去獲得別人喜愛的人，就會容許別人來輕視自己**。

明明很討厭，卻誤認為自己喜歡對方，像這樣的情況，到底該如何辨別呢？真的很討厭對方，卻因為反向作用的影響，而表現出一副喜歡對方的模樣，這種時候的分辨方法，就是注意自己有沒有說出虛情假意的客套話。

如果在面對這種人的時候，自己不斷說出毫無誠意的誇張客套話，其實是非常危險的一件事。而且說完缺乏誠意的誇張客套話之後，只會在心中留下不舒服、不愉快的感受。這是因為內心深處並不喜歡對方，所以才感覺到自己說出的是缺乏誠意的誇張客套話。如果面對真心喜歡的人，根本不可能像這樣毫不在乎地漫天說謊。

只要試著回想自己跟別人的談話內容，就可以分辨自己有沒有出現這種情況：**表現出很不自然的示好態度，而且事後又莫名留下不舒服的感覺，這就表示，你受到反向作用影響的可能性很高，你不是真心喜歡他**。

跟某些人在一起時，不知為何會變得無法靜下心來，甚至於出現焦慮的感覺。就像最前面所提過的，安心感是來自於擁有自己專屬的世界，而跟某些人相處時，卻會覺得失去了自己的世界，或自己的立足點被侵犯了。

每個人的內心分裂成「討厭」和「喜歡」，而且不希望別人知道自己心中的弱點或厭惡、喜好之事，但越是不想讓別人知道，內心就越會產生被窺探的感覺。

如果有某個人，會讓你不知不覺地產生焦慮感，
那麼這個人，或許就是你打從心底深處討厭的人。

龜縮的一線天

對自己缺乏信心的人，無法以自然正常的方式面對人生

另一個需要注意的地方，就是某個人如果會讓自己莫名感到靜不下心來，那麼，此人可能也是個缺乏自信的人，對方心中的糾葛，跟自己內心的糾葛產生了共鳴的現象。

由於對方同樣對自己沒有信心，所以為了要給人留下好印象，他也感到焦慮。這種為了想要「自抬身價」或「自我保護」，而產生焦慮的言行，只會為你帶來受傷的結果。

因為你也想要保護自己，此時對方也採取自我保護的反應，在這種自我防衛的行動交互作用下，彼此都受到了傷害。

雖然，有些人彼此都是打從心底深深討厭著對方，可是就是沒辦法順利的離開對方。

從小就被禁止順從自然的情感而活的人，會在自己意識中，努力地「矯正」自己的情感，並且將之視為是自然產生的情感，但事實上，他們並不喜歡這種情況，甚至到了厭惡的地步。

可是，他們卻會努力讓自己以為喜歡這種感覺，並且認為自己「應該要喜歡」這種情況才對。像這樣子的人，就是在意識中過度地矯正了情感。

如果從小就在意識中過度矯正情感的話，長大後，就會失去自然的情感。正確的說法，應該是在潛意識中壓抑了情感。

從小就被教導你必須喜歡這種人、必須輕視那種人，於是在不知不覺中，開始深信自己真的喜歡那些「原本打從心底深處不喜歡的人」，而對於那些原本內心渴求崇拜的人，卻產生了輕蔑的感覺。

若是跟某個人在一起時，會莫名地感到焦慮，應該就是屬於被教導「必須喜歡某種人」的結果。跟人相處時，會莫名地心浮氣躁無法平靜，或是不知不覺地感到焦慮起來，這種人是因為從小在父母的控制下，沒辦法隨著自然的情感生活所致，像這樣的情況一定要加以注意才行。

為了自己的方便，而隨意操控孩子的情感，內心有這種糾葛的父母，通常所欣賞的，都是沒有自信的人。

他們所教出來的孩子，也會喜歡上完全沒自信、只會虛張聲勢的人。雖說「喜歡」，但這並不是自然情感中所產生的喜歡，這是內心充滿糾葛的父母所推薦的人選，因此，理所當然的，這個人選基本上也充滿了各種問題。

簡單來說，容易失去自己內心自然情感的人，就會喜歡上心裡充滿問題的人，或是說，他們會自以為喜歡上這種人。

就如同前面所說的，如果跟某個人相處時，會莫名地感到焦躁不安，那麼，對方也有可能是個沒有自信的人。**沒有自信的人，會為另一個沒有自信的人帶來不安**。內心充滿糾葛的人，跟另一個同樣內心有糾葛的人在一起，就會變得沒辦法沉著鎮靜。

這恐怕是因為彼此內心都知道，當下自己正處在不滿足的狀態，才會出現這種情況吧！於是彼此都想藉由滿足對方當下的需求，來確定自己的存在價值，結果不正是如此嗎？

彼此之間會因為對方心浮氣躁，所以自己也開始變得坐立難安。**內心充滿糾葛的人，特別容易受到別人心理狀態的影響。如果自己內心擁有一個安**

定的世界，就不會這麼輕易地被別人的心理狀態所左右。

內心充滿糾葛的人，其實還殘存著幼兒的特性。不，應該說就是因為還存留著幼稚心，所以才會產生糾葛。

年幼的孩子，容易受到身旁母親心理狀態的影響。如果母親的內心處於安定的狀態，孩子也可以在心理上感到平穩安寧。母親的內心若是處於不安定的狀態，那麼孩子就會因為內心焦慮而哭鬧、耍脾氣。如果是內心獲得滿足的孩子，受到母親心理狀態影響的程度，則會比較小。

在孩子出生之前，如果父母原本就是情緒不穩的人，對孩子來說，幾乎註定了性格上的不幸。孩子之所以會跟著情緒不穩，主要都是因為父母本身的心緒不夠成熟，所以，問題並不是出在孩子身上。可是父母卻會將一切都歸咎於孩子，並且加以責罵，最後，導致孩子把其他人的情緒和感受，都視為是自己的責任，慢慢衍生出扭曲的內心想法。

由此看來，兩個心中充滿問題的大人在一起時，所產生的焦慮不安，影響的層面不只是自己，還會禍及下一代。所謂「沒有自信的人」，反而會無法承受別人缺乏自信這件事。現實生活中欲求不滿的人，也無法承受別人的

只要別人沒有獲得滿足，
就會認為這都是自己的責任，
這會讓自己一生過得很累。
你必須改變這種已成既定習慣的錯誤認知。

欲求不滿。認為自己的存在無意義，而感到煩惱不已的人，同樣無法承受別人的生命充滿無意義感。

別人的不滿，絕對不是你的責任。別人之所以在內心感到不滿足，絕對不是因為你不好才造成的。然而，對於沒有自信的人來說，當某個身心都欲求不滿的人出現在眼前時，就會覺得這些好像都是自己的責任。

在一個跟自己毫無關聯的地方出現了問題，卻會認為一切都是自己該負起的責任。會出現如此情況，恐怕也是因為從小聽父母說「這一切都是為了你……」、「還不是因為你才……」像這樣被迫背負起父母的負面情緒，或是一些不合乎道理的責任的孩子，長大後，就容易在週遭的事件中「對號入座」，或「自認應該擔起責任」。

如此一來，在長大成年後，**只要身邊的人沒有獲得滿足，就會認為這都是自己的責任，並且誤以為滿足別人，就是自己該負起的責任**，為此感到焦慮，莫名其妙地心浮氣躁起來。

目前最重要的是，改變這種已經成為既定習慣的錯誤認知。如果有人誤將他人的責任怪到你頭上，那麼理所當然的，你也可以把所有責任都怪到他頭上。

既然別人可以提出要求，自己當然同樣可以提出要求。在從小就已經根深蒂固的人際關係中，改變自己的態度來面對一切，才能自救。

其實，你可以這樣思考！

跟某人在一起時總覺得快樂，跟某些人在一起卻會緊張焦慮嗎？

會讓你焦慮的人，通常是你從小被父母或師長教導「應該要討厭」或「應該要喜歡」的類型，但卻跟你真正的感受相反，因不敢違抗又無法認同，內心才會焦慮不安。用這種焦慮作為自我真實感受的測試點，就能脫離被洗腦的虛假認知世界，讓自我真實的感受順利流露，讓自己感覺到自己的自主意識真正的活著。

就是有人長不大

在成人之間，也有「小孩跟大人」的交際模式

若是受到占有欲強烈，且喜歡支配型的父母所養育，日後當孩子在面對他人時，就會不知不覺站在老是承受別人要求的一邊，而且這種不對等的關係，最後還會成為一種習慣。自己會主動去擔負起所有責任，而不是站在追究別人責任的立場。

這樣的人會想要努力去當一個「順從者」，甚至因為**擔心自己沒有成為一個更配合別人、更討好他人需要的順從者，而感到不安**。即使內心受到別人的支配，也會願意服從。

對於這種人的心理架構，我大致歸類於以下的圖解模式。（見P.107）

在代號為A的大人心中，受到別人的支配、為了維持與對方的關係，而想要努力完成別人要求的這個部分，就稱為是A的「順從性」。

不過在此同時，像這樣為了滿足別人的期待，卻會感到不愉快的大人

心中，仍然殘留著幼稚的性格，這個則稱為是A的「幼兒性」。這些狀況同樣出現在代號為B的大人身上。於是當這位A跟B相遇時，就會發展出如圖1所示的人際關係。當然，這也有可能出現A與B完全相反的互動模式，總之，其中一方的「順從性」，會跟另一方的「幼兒性」產生關聯。

此時，由於A本身也具有幼兒性，所以直接表現出來其實也沒關係，可是他卻選擇隱藏壓抑。也就是隨時都在畏懼對方，不斷地顧慮著別人。

另一方面，雖然B本身應該覺得無所謂，但是A卻會拚命地想讓B覺得自己很好，並且為了想更加滿足B的要求，而自己感到焦慮。

如此的人際關係，對這位代號A的大人來說，是從小就已經習以為常的相處模式，所以，才會不知不覺中受到吸引，進而演變成這樣的關係。

當然，**A的順從性跟B的順從性，也有產生交流關係的可能**。**可是最後的結果，卻會因為彼此不斷地互相禮讓，導致雙方都徒然感到疲憊不已**。不管相識相處多久，兩人都一直處在拘束、矜持的狀態當中，只會不斷地顧忌著對方，不論何時，彼此都畏懼著彼此。

在這個互動關係中，兩個人都無法達成自我的確立。這兩個人的精神層面，都還是停留在具有心理障礙傾向的順從性，或是幼兒性罷了。彼此的情況會隨著對象不同或環境的變化，而顯現出其中一種，總而言之，這種人所展現的，都不是真實自我。

在此同時，如果這種情緒上不夠成熟的大人，跟已經能夠確立自我的大人C相處的話，結果又會是如何呢？（見圖2）

由於對方心中沒有殘留幼兒性，那麼對於具有順從性的人而言，也就不會受到刺激。從A的角度來看，他並沒有獲得跟對方產生深刻關係的滿足感，彷彿像是孩子跟大人在玩耍般的感覺。

正因如此，有心理問題的人才會出現一種傾向，就是無論如何，都只會跟同樣具有心理問題的人在一起。

所以在人際關係中，即使自己是處於卑微的一方，但B的幼兒性對A的順從性（他人中心性）來說，是絕對必要的。所以從A的角度來看，與其跟C相處，不如跟B在一起，才能確實感受到自己是被別人所需要、必要的。

雖然，跟C相處並不會感到不愉快，可是沒辦法感覺到自己在對方心中的必要性。跟B在一起雖然很不快樂，卻能感受到對方需要自己。所以，

圖1

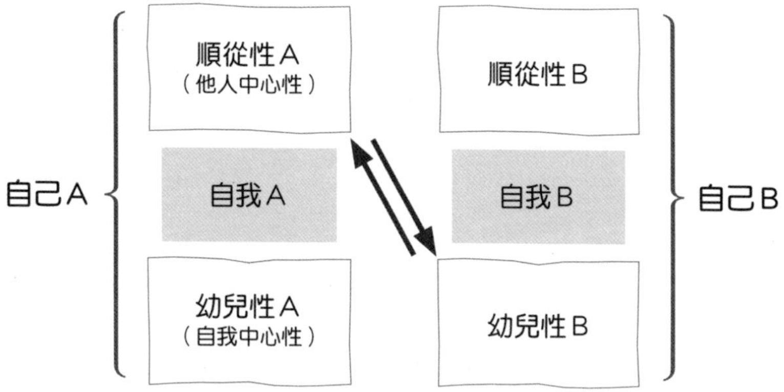
自己A
順從性A
（他人中心性）
自我A
幼兒性A
（自我中心性）
順從性B
自我B
幼兒性B
自己B

圖2

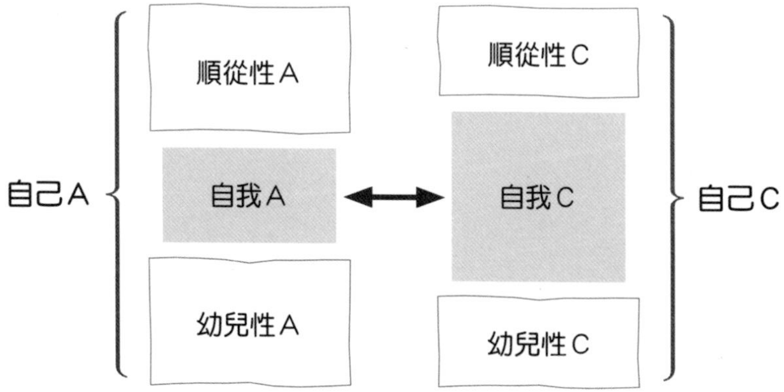
自己A
順從性A
自我A
幼兒性A
順從性C
自我C
幼兒性C
自己C

有些人才會始終都依戀這種被需要的感覺，以致於無法順利分開。

「幼兒性」跟「順從性」，就像是一個銅板的正反兩面。如果沒了幼兒性，想藉由滿足對方欲求來維持彼此關係的企圖，自然就會消失無蹤。若是沒了自我中心性，也就不會老是一直在意「自己在別人心中，到底是什麼樣的形象」。

只要順從性跟幼兒性消失，「自我」就可以隨之獲得安定，由自己來肯定自己的存在價值。

殘存幼稚性格的成年人，對別人要求特別多

有些成年人心中所存留的幼兒性，不論過了多久都不會獲得滿足，因此，心底深處仍隱藏著幼兒性的大人，隨時都處在欲求不滿的狀態。其結果，就是變成一個要求特別多的成年人。

不過，這種不滿是個人心中的問題，所以在他周圍的人，並不會認為自己必須對這種不滿負起責任。

雖然，那種內心常常感到不滿的人出現在自己身旁，會令人感到不自在和不愉快，但是如果能理解他們一向如此，並非只針對你，就請忽略並當做沒看到、沒聽到他的言行。

也就是說，這個內心不滿的人，並不是「因為待在這裡」才會感到不滿，而是不管去到哪裡，他都一樣感到內心不滿。

問題是，如果你自己心中也存有「幼兒性」，當內心不滿的人出現在你

身邊時，你就會沒辦法假裝自己沒看到了。透過這點來檢視自己，可以察覺自己是不是也有同樣的問題。

內心仍存有幼兒性的成年人，無論如何，都會對接近自己的人產生情緒上的反應。另一方面，**所謂內心仍殘留著幼兒性的人，也可以說完全沒辦法一個人獨處。**

情緒不夠成熟的人，無法放任周遭的人不管。無論如何，在情緒上都會受到身邊人的影響，而且還會非常雞婆地給予關照，甚至凡事都非插手干涉不可。他們總是以親切或擔心等藉口，來干涉自己身邊的人。

在情緒上不夠成熟的人，當然也沒辦法不在意出現在身邊的，另一個內心不滿的人，並且，自己的情緒會因為那個內心不滿的人，而跟著產生起伏變化。

情緒上顯得不夠成熟的大人，會在意出現在自己身邊的人，不是討厭、就是喜歡，覺得不有趣的就強烈地反駁否定，對有些人抱持著善意，而對有些則是抱持著敵意。對於「不在意」、「放任不管」、「輕鬆以對」這種事，似乎是怎麼也做不到。

雖然，前面曾提到內心不滿的人，並不是「因為待在這裡」才會感到不滿，而是因為自己心中有問題，才會感到不滿，而且也說過，像這樣的人，其實可以不必去理會，不過，如果你無法不理會他，而且情緒會一直受到他們的影響，那顯示你也是心中仍殘留著幼兒性的大人。

因此，如果發現自己的心情，會因為身邊的人而產生影響變化的話，請先檢討自己內心的幼兒性。若是不加以反省改進，還是一樣假借「親切」啦、「不管別人就太冷酷無情」啦、或是什麼「為了友情必須如何」、「為了愛情必須如何」之類的種種藉口，來把自己受到別人所影響的情緒正當化，如此一來，不管時間過了多久，你都不可能在心理上獲得成長。

如果老是以「關懷、關心」等冠冕堂皇的說詞，來將自己受到別人影響的情緒正當化，即使時間再久，自己也不可能成為一個真正「關懷關心」別人的人。

為了能夠真正做到關懷關心別人，首先，要做的應該是去理解對方，可是，當自己的情緒受到對方影響時，根本不可能想要去理解對方在想什麼，而是只想以自己的想法，來支配對方的心情。

舉例來說，內心仍存有幼兒性的大人，在這種時候，會不容許對方產生「你不要來干涉我！」的心情，他們會想盡辦法干涉對方。但是對於那些成熟穩定的成人看來，則會非常受不了這種死纏爛打的糾纏方式。

因此，在這種時候，成熟的人會出現「你不要來干涉我！」的心情。可是，內心仍存有幼兒性的大人卻無法理解，只會覺得自己如此地擔心對方，對方竟然以「這種態度」來回應，於是擺出一副自己在施予恩惠的姿態，甚至更加愛說教、感到自我犧牲的樣子，結果變成更雞婆囉嗦地糾纏著對方。

當自己內心仍抱持著幼稚的欲望時，也就是情緒會受別人影響時，通常不會有心思去理解對方的心情。即使已經理解對方，也無法接受對方所表現出來的態度。

如果對方剛好也是一個情緒上仍不夠成熟的人，那麼，彼此都一樣會相互受到影響。正因為如此，內心還存有幼兒性的人，即使面對討厭的人，也會設想某一天可能喜歡上對方。

會主動糾纏對方的人，並不一定討厭或喜歡對方，純粹只是無法讓自己的情緒從對方身上離開或轉移。只要有人靠近身邊，就會不禁出現「在意」

的心情。

身為一個成熟大人的條件，不應該像這樣死纏爛打地糾纏著對方，而是應該以正常的方式與人相處。如此一來所謂喜歡的人，才是自己真正欣賞的人。打從心底討厭憎恨的人，也不會在意識當中出現喜歡的假象。

情緒會受到別人影響，且無法擺脫這種依賴性格的人，會在意識當中不斷操弄著自己的自然情緒。

尤其是心中仍存有幼兒性的大人，完全沒辦法擁有健全的人際關係。一旦發現自己跟周圍的人，並不是維持在一種和諧健全的往來關係中，首先，請認清自己心中潛藏的「幼兒性」。

就如同前面曾經提過的，如果出現內心被別人窺視的感覺，其實這有可能就是自己對別人的依賴心產生的反射作用。如果一個人的情緒上沒有受到別人的影響，就不會覺得自己的內心世界被別人無禮的窺探了。

其實，你可以這樣思考！

在人際關係裡無法愉快的暢行，常有撞牆感嗎？

內心還存有幼兒性的人，強烈的依賴心，會忍不住想纏著別人，期求欲望被滿足，或礙於自己已是大人，不好意思而壓抑自己，兩極化的作為都會令人生厭。如果你在人際關係上並不順利，要先把目標放在學習瞭解自己的欲望上，開誠布公尋求滿足之道，當你能以真面目示人，展現自己的缺點或期待，才能發現善意的回應和真心的情誼。

擁有「感情融洽圓滿家庭」的悲劇

心中有自卑感的人，如果獨自待在敵營當中，就可以誘發出人類所隱含的動物本能，且到達極限。

因為嚴重自卑感而感到困擾的人，也就是所謂有心理障礙傾向的人，在他的成長過程中，就如同是獨自一人深陷敵營般的狀態。說他是在「敵人環伺」的情況下長大成人的，應該也不為過吧!?

由於嚴重的自卑感，而導致心理障礙的人，在他小的時候，可說周圍的人各個都是敵人。當然，跟此人關係比較疏遠的人，還是能維持非敵對的關係，可是像家人一般關係較為親近的，則全部都是「敵人」。

這裡所謂的「敵人」，就是不容許對方以自然的方式存活的人，因為他認為周遭的人全部都不關心他，而且身邊的人也完全不去理解他，因而產生深厚的「敵意」。

更嚴重的是，情緒不成熟的成人，把自己對周遭其他人事物所抱持的怨憤，全都利用跟小孩互動的時候加以宣洩，拿孩子來「開刀」，把孩子當出氣筒。例如，故意去逗弄惡整孩子，也就是所謂的欺負，以及把孩子當玩具般來耍著玩等等。大人們藉由把孩子當成玩具來耍弄，以宣洩自己心中的鬱悶憤恨，或是享受自己身為大人的優越感，而覺得有趣。至於被當成玩具耍弄、被欺負的孩子，則會因此罹患心病，甚至影響了一生的人格和心性。

對這個受害的孩子來說，身邊的大人們除了是敵人之外，什麼都不是。這個孩子已經淪為大人宣洩心中欲求不滿的出口。

這個小孩會出現錯誤的認知，就是在所處的環境當中，自己去想像和創造出某種扭曲的人性形象。長大成人後，即使身邊相處的已經不再是同一群人，卻還是維持跟小時候一樣的想法與感覺。

總而言之，在這個孩子的養育過程中，曾經出現在身邊的人，對這個孩子來說全部都是敵人。這種情況，會在這個孩子的潛意識當中獲得認知，並且透過動物性的本能，來察覺自己並不喜歡出現在周遭的這些人。

此外，更重要的一個問題，是明明知道對方是敵人，自己卻禁止自己對這件事生氣。因為他們認為或被教育「生氣是一件不好的事」，而且「生氣的人」就是「壞人」。像是兄弟姊妹吵架也是不好的事，尤其讓父母生氣，這簡直就像是褻瀆神明般罪不可赦。

被欺負、被當成大人的玩具作弄時，也就是受到侮辱時，其實孩子心底深處是感到憤怒的，可是，這種憤怒卻無法直接坦率的表現出來，甚至是受到自己的壓抑。這種情況成為慣性之後，就連自己都很難意識到心中的憤怒。

於是，憤怒的情緒不斷累積在內心深處，原本應該要爆發在「敵人」身上的憤怒情緒，最後只會轉移到自己身上，並且成為自己的罪過，而存留在意識當中。因此，**當一個人抱持著「自卑感」時，他同時也會感覺到一種自責的罪惡感**。

有些人會懷疑，自己的存在似乎是不被允許的事？每天向神明請求原諒而過著痛苦的日子。無論怎麼做，都沒辦法感覺到自己的存在是被允許的。這其中的一個原因，可能就是小時候周圍的人，都不容許他自然的表達情緒，變相所導致的後遺症。

在這種影響之下，自我的自然情感、自然的存活方式，都會在意識當中誤認為是一種罪惡。就是因為得不到眾人的接納，所以才會理所當然地開始抱持著罪惡感吧!?更令人感到壓力的現實問題是，如果失去周遭這些家人的保護，自己就沒辦法生存下去。

而另一個重要的原因，就是前面曾經提過的問題點：原本應該要爆發在敵人身上的憤怒情緒，最後卻是轉移到自己身上，莫名的憎恨自己和怪罪自己。其實，「不能原諒的人」照理來說，應該是這些環繞在周圍、不斷來欺負侮辱你的這群人才對。

因為誤認為所有的生氣都是不好的事情，所以，才會一直強加抑制自己的情緒。導致原本是「不能原諒別人」的忿怒力量，最後卻朝向自己爆發出來。

小時候可以跟兄弟姊妹吵架的人，其實是幸福的。一切爭吵都被禁止的小孩，就必須被迫忍受手足之間所有不正確、不妥當的情緒移轉。而且不只是被迫忍受，心中的忿怒還會轉移到自己身上，導致自己認為自己的存在是「不被認同」、「不被重視」的，進而開始憎恨自己，覺得自己的存在是一種罪惡和笑話，並且在意識上加以責難。

如果對於自己的存在抱持著罪惡感，不管做什麼，都覺得自己得不到他人的接納，還會因此而感到痛苦不已的人，請先認真地反省一下自己小時候的情況。小時候當別人在欺凌自己時，當時在身邊的人或是氣氛，是否強迫自己必須接受這種傷害呢？

美其名是「和樂的家庭」，但事實上，卻是不斷地被迫受到鄙視、受到傷害的孩子，恐怕有朝一日，這些孩子都會出現嚴重的自卑感，甚至是導致心理障礙吧！

不可以生氣，只要不生氣，爸媽就會稱讚說是「好孩子」。在這種情況下被稱讚，並且因此患上心理障礙的人，他們一路成長的過程，到底必須付出多大的代價，我們不得而知。

感覺自己似乎有心理障礙傾向的人，不妨試著去思考一下，**你曾經為了得到別人稱讚一聲「你真是個好孩子啊！」而付出過多少的犧牲呢？**為了別人的一句「你真是個好孩子啊！」「你真懂事啊！」於是，自己沒辦法成為一個坦率直接表達自然情緒的人。只因為渴求別人對自己說「你真是個好孩

如果你察覺自己也有心理障礙傾向，不妨回想一下，
你曾經為了得到別人稱讚一聲「你真是個好孩子啊！」
而付出過多少的犧牲代價呢？

子啊！」竟然捨棄自己生存的尊嚴和權利。不僅因此失去了自信和快樂，甚至變成一個為了生存而感到痛苦不已的人。

在「一旦生氣就會受到責罰」這種認知下，而彷彿生活在地獄般的人，許多都會患上心理障礙。「我們家的孩子感情都非常好！」為了滿足父母這種虛榮心，而被迫墮入地獄裡的孩子，往往容易罹患憂鬱症。如果在他們年紀還小的時候，父母沒有提出如惡魔般的要求：「我們家的孩子感情都非常好，都是不會違背父母期望的好孩子」，強迫他們來滿足父母欲望的話，或許這些人，現在都是身心健康、充滿自信的人。

在這些悲劇般的案例當中，生活在「禁止生氣」的家庭裡的，通常是排行最小的孩子，也就是老么。立場最為弱勢的孩子，最容易受到欺負、或是被捉弄，因此往往必須忍受最多的不平等待遇。

處在禁止自己顯露出憤怒情緒的團體當中，一定有些人是立場相對較為強大的人，在暗地裡欺壓立場相對較為弱勢的人。像這樣在暗地裡欺壓別人的人，主要是想藉此消除自己內心的欲求不滿。

「我們家的小孩完全不會吵架，而且都是感情和睦的乖孩子，我們就是理想的模範家庭。」如果有說出如此跳脫常軌之言論的父母，他們只是為了滿足自己有心理障礙的自尊心罷了。

相對的，這些在心理上已經生病的孩子，面對將自己推入地獄的父母，大概還會認為他們就是「理想的父母」。甚至還會相信那些跟父母一起聯手，將自己推進地獄的哥哥或姊姊，也全都是很值得他尊敬和學習的榜樣。

其實，你可以這樣思考！

對自己感到自卑，遇到事情很容易自責或產生罪惡感？

謙虛和自卑的差別，在於後者認為自己的存在會造成別人的厭惡，自己不受別人的祝福和接納。這多是因為從小經常受到侮辱、諷刺和否定，長期下來無法了解到自我的價值，甚至認為自己不該出生在這個世界上。如果你也有這樣的困擾，一定要反向思考：那些貶損你的人，才是該從世界上消失的人。你的價值，絕對不會因為別人的批評而產生損傷。

假客觀形成的真扭曲

即使否定再否定，都非常介意的一句話

這是某位患有頭痛症狀婦人的故事，摘自《聰明女人／愚蠢選擇》書中內容，她因為無法跟丈夫繼續相處而選擇離婚。頭疼的老毛病，雖然接受過多位醫生的診斷，但卻始終找不到病因。

某日，她來到精神科醫師的診間，在諮詢談話的過程中，這位婦人提到自己與母親感情融洽，而且深信母親是一位非常了不起的女性。

這位母親時常會責打孫子，也就是這位婦人的小孩，當然，這是在孩子做錯事的時候。針對這件事，婦人無法提出抗議，因為自己的小孩依然表現出非常喜歡外婆的樣子。

此時，醫生問了婦人一個問題：「妳是否對於自己母親教養孩子的方式感到憤怒呢？」婦人回答「這怎麼可能呢!?」她表示自己的母親一直、一直都在幫助著她們，是她們精神上和生活上的重要支柱。

「I certainly don't feel angry.」

「我完全沒有氣憤的感覺。」她是這麼說的。另一方面，就在這段對話結束後沒多久，婦人的母親去了佛羅里達州，她是去避寒過冬的。結果，婦人突然覺得自己頭痛的現象逐漸減少了。

對婦人來說，「是否對於自己的母親感到憤怒呢？」像這種問題，根本就是荒誕可笑的無稽之談。

她可以反覆地斷然否認，堅決回答沒這回事。但是即使一再地否認，這個問題恐怕已經懸在她的心中，再也揮之不去了吧!?

自己心中非常感謝母親，什麼憤怒的情緒根本就是無稽之談，婦人在意識當中確實是如此地堅信著。婦人並沒有說謊，只是即便如此，這個衝擊，還是在她心中留下莫名強烈的痕跡。

或許，她會在心中的某個角落，開始質疑自己所確信的事情，而這就是婦人內心的問題所在。

真正對父母沒有心結的人來說，像這種荒謬至極的言論，根本是一笑置之就可以輕鬆抹去。如果會莫名地殘留在心中，就有必要加以注意。

對於這位長期因為頭痛而感到苦惱的婦人來說，再怎麼努力思考，都會覺得自己完全不可能對母親感到憤怒。不過事實上，她之所以會頭痛，就是因為內心壓抑著自己的憤怒，才會產生的症狀。

負責診治的醫師表示，這位婦人因為內心的怒氣與怨念實在是太強烈了，才會產生頭疼症狀。

婦人並沒有意識到自己的憤怒，因為她認為「對父母生氣」是一件不好的事。然而事實上，她確實對母親感到氣憤，所以才會導致她出現頭痛，且長期為此受苦。

當然，並非所有頭痛的人，都是因為壓抑心中的怒氣，才會產生這種症狀。如果像這位婦人在接受醫師的診斷後，並沒有發現身體上有什麼特殊的疾病，可是依舊受到頭痛折磨的話，可能就有必要試著去思考，自己是否跟這個案例一樣，遇到了同樣自己沒有意識到的問題。

在醫學上找不出任何原因，但是身體卻會反應出疼痛現象的人，有必要去反省一下，自己是不是未曾碰觸過內心真實的情感。

不要受到虛假的道德或規範所束縛

一開始曾提過，因為嚴重的自卑而感到痛苦的人，通常自己都沒有觸及過自己心中的憤怒情感。**如果想要消除自卑心，並不適合用誇耀自己優點的方式來武裝自己，而是去接觸心底深處的真實情感**，如此一來，才有可能化解內在的自卑感。

擁有嚴重自卑心，又有心理障礙傾向的人，對他們而言，造成接觸實際情感的障礙，就是「罪惡感」。憎恨父母或兄弟姊妹的情緒，通常會在他們心中伴隨著罪惡感產生，因此，才會導致他們不願意去接觸心底深處的敵意。

明明受到對方的欺負、被玩弄、受到侮辱、甚至是受到傷害等等，竟然還主動認為對方是好人，這都是因為憎恨的情緒中，伴隨著罪惡感而被壓抑。

不過請仔細地思考一下。只因為對方是哥哥或姊姊等理由，就可以強硬地提出要求，那麼自己是否也曾經以同樣身為兄弟姊妹的類似理由，來對別人提出任何不合理的要求呢？因為是父子、因為是兄弟，這些都只是為了把傷害自己或傷害別人的理由正當化，不是嗎？

因為是母子、因為是姊妹，對方是否曾經以這種理由，來對你釋出關懷過呢？因為是姊妹，所以要求你把錢交出來，要求你先幫忙掩護一下她的不當行為，可是卻沒有聽過兄弟主動說：「因為你現在遇到困難，所以這些錢盡管拿去用吧！」這種事應該比較少發生過吧!?

因為是自己的父母兄弟，所以被要求必須付出與照顧，但是相反的，自己卻不曾因為是父母兄弟的關係，而獲得親人所給予的支持與援助。因為是母子、因為是姊妹，所以你必須將所賺的錢存到她們的名下；可是他們卻不會因為是父子、是手足，而對你說：「這些財產就拿去存在你的名下吧！」

因為是自己的父母、自己的手足，這些「關懷」，都只是將精神上、肉體上對你的壓榨，做出正當化的藉口，其餘的什麼都不是。如果真如你現在所相信的一般，在自己的成長過程中，出現在身邊的人個個都是宅心仁厚，那麼，為什麼你現在還會覺得受到生活的不安及恐懼所威脅呢？為什麼對你來說，夜晚並非安詳平靜，而是充滿恐懼呢？

大部分的人都在白天活動工作，夜晚則是安穩地沉睡，為什麼，你卻是白天覺得受到某種力量追逐，感到焦慮不安，入夜後，甚至還會被黑暗所威脅呢？

為什麼大部分的人，都可以跟一同生活的伙伴們分享人生的苦與樂，而自己卻連一個較為親近的人也沒有？明明同樣身為人類，這其中到底有何差異呢？

除此之外，心理障礙患者想從自身的症狀中跳脫時，還有一個可能遇上的障礙，就是心理健全的人所持有的「道德觀」。

這一點雖然在其他書中也曾提到，所有的人都知道，不要對身體患有疾病的人做出以下的錯誤行為。例如，我們不會對一個正在發燒到三十九度的人說：「慢跑有益身體健康，你要不要去試一試？」或是：「游泳可以讓全身舒暢，所以多少也去游一下吧！」大家都知道，當身體出現疾病時，為了盡速康復，就不要勉強去做健康的人才能從事的活動。

可是對於一個患有心病的人，卻有很多人會做出這種錯誤的行為。其中最典型的錯誤，就是發生在鼓勵罹患憂鬱症的病人時。

對心理健全的人來說，憎恨自己的父母或兄弟姊妹，簡直就是不可能、甚至是不被容許的事。或許是因為他們被教導要懂得愛、感謝以及尊敬。不過，這些心理健全的人們，完全無法想像內心已經生病的人，到底是如何受到自己的親兄弟姊妹所侮辱、曾經忍受多大的欺凌，還有曾經受到了多大的傷害。

非常遺憾的是，因為倫理道德的規範和束縛，常使得內心已經生病的人，不論過了多久，都無法重新振作、獲得改善。

因此，內心已經生病的人，才會害怕去碰觸自己心中的真實情感。明明在內心深處，存有對於父母或兄弟姊妹的怒氣，可是卻沒辦法主動去意識到，或是無法認同自己的怒氣是合理的。

我認識某位目前以企業經營者的身分在社會上活動，並且眾所周知的人。現在的他，不論在身心各方面，都處於非常健康的狀態。但在過去，有一次跟他喝酒時提到了父親的話題，當時，他表示自己想要把父親的墳墓敲開，挖出裡面的遺骨來打個粉碎。雖然我不太記得他實際所說的每一句話，不過，當時他充滿怨憤的說話聲音，卻讓我留下非常深刻的印象。

他曾經因為失眠的症狀而苦惱不已，然而，現在竟然是不論走到哪都可以立刻睡著。白天只要有十分鐘或二十分鐘的空閒，就算是在吵雜的工廠裡，也可以在地上鋪個瓦楞紙箱，就馬上躺在機器旁邊沉睡。他在如此忙碌的日常生活中，依舊維持著各種興趣，不僅嗜好非常豐富，而且也經常閱讀書籍。

現在，為了生活而卯足全力的他，如果過去未曾意識到自己心底深處的那股怒氣的話，恐怕永遠都只能蜷縮在萎靡不振的人生當中吧!?

不需要去背負起虛偽的罪惡感，這些並不是罪惡或良心的問題，而是實際上的問題。如果實際上，你的內心深處真的對於身邊的人抱持著敵意，那麼直接去意識到這件事就可以了。順道一提，請記住：只有卑劣的人，才會想要去壓榨自己身邊的人。

最後讓我們再來複習一下。心理健全的人，有時會假借道德或規範等理由，來把「壓榨內心生病的人」這件事正當化。而性格卑劣的人，也會以道德或規範等藉口，來對弱勢者做身心上的霸凌。實際上，「道德」並不是用來阻絕別人的反抗，以方便自己達到任何目的。那些人利用強加在對方意識上的罪惡感，來實行自己的利己主義，他們並沒有尊重你，而是把你當成一種很好打發、很好利用的玩物罷了。所以，請不要被他們虛假的「道德」幌子所欺騙，你可以理直氣壯的對他們說「不」！

第4章

總是莫名感到焦慮的人，容易搞錯人生的方向

無法轉彎的人

一旦預定的計畫受阻就會生氣的人

如果被迫取消原定計畫，而不得不在預定時間採取其他的行動，光是這樣，就有可能讓某些人產生無法克制的焦慮感。即使只是一個小時，甚至連三十分鐘的計畫變更，都會讓有些人感到非常難受。更極端一點，有時不過是延誤個短短的十分鐘、五分鐘，有人就會爆跳如雷。

原本計畫要休息三十分鐘；本來打算要游泳一個小時。計畫中應該要利用這十分鐘來欣賞美麗的風景；這些預定計畫，隨時都有可能因為某種因素而無法實現，結果卻導致有些人全身感到不舒暢。只是晚個五分鐘出發而已，就可能引發夫妻某方極度的不滿，甚至造成感情破裂。

臨時的變數，造成一整天的預定行程受到影響，是個性固執難變通的人最大的罩門。例如：某天原本打算要看書一整天，可是卻因為家人的朋友來訪，結果根本就沒辦法看書，在這種時候，有人就會感到超級不滿。

會出現這種反應的人，其實並不是因為短短五分鐘的延誤而心生不滿，也不是因為一整天的行程受影響才會生氣。

像這樣的人，基本上，他們度過整個人生的方法，基本上就是個錯誤。若以開車旅行來舉例的話，與其說是走錯道路，不如說是整個前進的大方向完全搞錯了。

所有的事情，都必須按照自己的期望去進行，一旦出點差錯就會焦躁生氣，事實上，這種人不是因為事情發展不如預期才感到焦慮，而是整個人生都有問題。

羅洛・梅的著作當中，有一本是在描述自己的人生。在他二十一歲時前往希臘，並且開始擔任英語老師，當時他因為寂寞的關係，而導致心理出現各種問題。他為了擺脫寂寞而拚命地工作，可是越是努力工作，就越是扮演不好老師的角色，最後終於變成了神經衰弱。

他在書中寫到：

「*……something was wrong with my whole way of life.*」

這個情況顯示自己整個人生的方向是錯誤的。有時並不只是某個部分出錯，而是整個人生的大方向出現了錯誤。因為走錯路而遲到十分鐘，於是變得既焦急又生氣。如果當時是自己的戀人開車的話，就會把所有怒氣全部發洩在戀人身上，甚至對對方怒吼、大聲咆哮。

其實，這個人並不是因為走錯路才會開始咆哮，或是認為戀人犯了錯才會如此生氣。事實上，這個人之所以會生氣，完全是因為自己整個人生的大方向錯誤，才會如此地憤怒。

不管是誰都不希望走錯路，也沒有人想要遲到十分鐘。可是最後如果變成這樣的結局，我想這也是沒辦法的事。沒有人會因為想要犯錯而去犯錯，更何況這十分鐘的時間，也不是什麼關鍵性的十分鐘，並不是說晚個十分鐘，就會錯過登機時間的這種嚴重情況。

這裡所舉的例子，是單純晚個十分鐘抵達公園而已。為了這種遲到十分鐘的事，而對身邊親近的人怒吼咆哮，像這樣完全無法平息的怒火，真正的原因，絕對不會是這個短短的「十分鐘」本身。

這十分鐘只是導火線，剛好引爆原本就壓抑在內心的怒氣或失望等情緒。這把怒火，並非來自短短十分鐘的走錯路，而是自己的人生目標、或是思考模式、感覺的方法錯誤所導致。

不過正在生氣的當事人，他們相信自己的忿怒或不滿都是正確的，因為他們認為犯錯的都是別人。

某位太太預計要開車載自己的先生去高爾夫球場。要去打高爾夫球的日子還沒到，這位太太特地在前一天，開車到丈夫即將要跟公司同事一起打高爾夫球的地方看看，希望能事先熟悉一下道路。

到了打球當天，前往的一路上都非常順利，太太心想應該會比預定時間更早到達球場吧！可是沒想到，就在即將抵達球場前，太太在附近不小心走錯一條路。其實，這也不是什麼多大的問題，因為馬上又回到正確的路上了，而且仍然沒有遲到，抵達時離打球還有一段很長的時間。

然而就為了這兩分鐘、三分鐘的小失誤，說不定只有一分鐘的小迷路，她的丈夫就開始暴跳如雷，不僅反應激烈到有違常理，最後甚至還動手打了正在開車的太太。

對於自己失控的情緒，丈夫用來辯解的理由，是這場跟公司同事一起參加的高爾夫球賽非常重要，但是連去高爾夫球場都會走錯路，就表示太太的內心根本就不在乎這件事。

由於類似的情況至今仍然不斷發生，因此這位太太打電話來找我商量，表示自己已經無法跟丈夫繼續生活下去。若是簡單來說，這位先生就是有心理障礙的人。在一般人眼中，完全不算什麼的小小失誤，可是對這種人來說，卻如同滔天大罪般無法原諒。

問題並不在於犯錯，而是這種人的整個人生大方向就是個大問題。

當羅洛．梅明白自己的人生方向出現基本上的錯誤時，便開始尋找全新的人生目標。此外，他也避免再去思考那些拘束著自己的事物，並且想辦法改善自己心中已被過度誇大的規範意識。

「*I had to find some new goals and purposes for my living and to relinquish my moralistic, somewhat rigid way of existence.*」

同理，打高爾夫球的這位先生，也認為自己當時「不得不生氣」，因為他覺得自己的老婆過於草率散漫，而且為此感到非常困擾，還認為這種老婆必須加以改變才行。他怪罪於自己的老婆不懂公司內部殘酷的競爭，所以開車時，才會表現出如此隨便的態度。

可是，真正必須加以改變的，並不是老婆的心態，而是自己的人生方向、感覺方式、以及思考的模式。只要改變自己所關心注意的焦點，應該就可以過著更平靜舒適的生活吧！

對這位先生來說，早晨的涼爽空氣完全不具有任何的意義。不，或許該說他根本沒注意到空氣所帶來的清爽感受吧！說不定此時小鳥正在高聲鳴唱，而天空也顯得蔚藍無比，他不僅聽不見鳥鳴，就算仰望著天空，也看不到那美麗的藍天！微風吹撫，卻感受不到空氣的清新。

他滿腦子只想著：能不能在預計的時間，確實抵達高爾夫球場？公司同事會不會對自己抱持著不好的想法？今天的高爾夫球會不會打出很難看的成績？在他內心，應該只關心著這些事情吧！除此之外，應該再也沒有其他事物能夠吸引他的注意力了。

其實他對自己的老婆所提出的要求和態度，都是受到心理障礙的影響才出現的。如果他所關注的焦點可以稍微轉移一下，應該就不會因為焦躁而開始生氣了。

一直走不出的童年黑洞

因為隱藏想撒嬌的欲望，心情才會變差

想要滿足心理障礙者的要求，可說是非常難的一件事。因為這等同於小嬰兒或幼稚園孩童所提出來的要求，如果是年幼孩子的話，還有可能簡單地打發，而且也有哄小孩的方法。可是，已經成年的大人，根本沒辦法隨便唬弄過去，更不可能像哄小孩般輕鬆解決。

我在廣播節目中，有機會接聽來自全國各地的太太們所打來的電話，並且給予她們相關的建議，這時我才驚然發現，原來在這世上有那麼多的太太，因為自己先生提出的不合理要求而深感痛苦。

簡而言之就是任性妄為，自己想做的事如果別人不順從的話，馬上就會擺出臭臉來。例如：全家一起去旅行外宿一晚，這時，突然覺得自己很想去散步，如果其他家人沒有附和說：「好啊，我們一起去散步吧！」她們的先生就會立刻變得不高興。

不論是自己的太太或是小孩，只要此時表示想在房間稍微休息一下，而且難得住這麼漂亮的旅館不想出去，先生一旦聽到有人說出反對的意見，瞬間就會開始生悶氣而變得沉默不語，或是碎言碎語的謾罵抱怨。

如此一來，就成為充滿不愉快的一天，甚至搞不清楚全家人究竟是為了什麼而一起出來旅行了。

如果靜下來仔細思考，這種任性的不合理要求，其實完全就像是年幼的孩子所提出來的要求。當幼小的孩子想跟大家一起做某件事時，大家沒有異口同聲地表示贊同的話，他就會馬上開始鬧脾氣。自己想去河邊抓魚，可是別人卻說去海邊游泳吧！於是心情在瞬間變差。

對年幼的孩子來說，提出這種任性的要求是非常自然的事，而且無法順利如願的話，鬧彆扭也是理所當然的事。

不過長大成人後，若是繼續如此，就屬於心理障礙的現象，並常導致身邊的人痛苦不已。這種人，應該是從小不被允許像個正常孩子般任性妄為吧！簡單來說，就是想要撒嬌的欲求沒有獲得滿足。

想要撒嬌的欲求受到過度壓抑，是導致心理障礙的重要原因。長大後，想要撒嬌的欲求會以「間接的方式」表現出來，也是心理障礙的主要現象。成年後，不再是年幼的孩子，會覺得若是直接表現出撒嬌的欲求，是一件很羞恥的事。因為自己感到害羞，所以不論對自己或對他人，都會隱藏起想要撒嬌的欲求。

這種情況，不僅常見於強調倫理道德的國家，如：日本、台灣，在美國也同樣會發生。在《聰明女人／愚蠢選擇》這本書當中，就曾提到了這樣的狀況：

「*Many women, particularly in recent years, have learned to conceal dependency needs from themselves and others.*」

像是想要撒嬌這種欲求，一旦成年後，就會覺得這是一件令人害羞的事。可是就算感到害羞，卻不代表內心的欲求會憑空消失。就因為想要把這些已經產生的欲求加以掩飾，所以，成年人才會利用各種事物或冠冕堂皇的理由，來將自己的行為合理化。

日本的男性特別習於假借「工作壓力」之名，來合理化下班不立即回家，或回家後對妻兒施展大男人的威權架勢。前面提到跟家人一起去旅行的先生，因為家人不想跟他一起去散步，而內心感到不滿，這很顯然是原本想撒嬌的欲求無法獲得滿足。可是他自己卻不這麼認為，或是不願意承認這個事實。

至於他到底是如何利用「散步」這件事，虛偽地達到合理化的目的呢？首先，他強調自己連日來工作非常辛苦，因此感到疲累，希望利用這個機會，稍微緩解工作壓力。可是，這理由跟想要出去散步這個特定的行動，其實並沒有任何關係。

或者他也有可能刻意強調：好不容易在百忙之中抽空帶家人來到這裡，結果家人竟然只想待在旅館房間，開始顯露出自己正在施恩的姿態。如果這個話題繼續延燒的話，甚至還會變成：你們這群傢伙，根本就不知道社會的險惡等等，越說越離譜、越扯越遠了。

跟年幼的小孩有所不同的是，他是大人，沒辦法直接承認自己的欲求不滿，因此他努力假借各種理由，來將自己的欲求合理化。然而，即使和他在口頭上出現爭辯，也得不到任何共識，為什麼這麼說呢？因為這些男人的言論當中，完全不會吐露出他們自己內心真正的想法。

有些人在長大成人後，
常提出不合理的要求，導致身邊的人痛苦不已，
或許這種人，
從小就不被允許像個正常孩子般任性妄為吧！

所以，一旦開始出現爭論的情況，恐怕就會沒完沒了一直持續到深夜。如果持續爭論到深夜，雙方都能取得共識的話倒還好，只怕往往是雙方根本就沒辦法認同彼此的說法。

追究其原因，主要是這位心情惡劣的先生，打從心底深處就不認同自己。在自己不斷隱藏真實自我的情況下，就算嘴巴表達出再多的不滿，自己也不可能在心底深處產生自我的認同。

例如在這個時候，太太如果說「因為我們都覺得有點累，所以就請你一個人去散步吧！」結果會是如何呢？

感覺上，好像雙方都可以如願依照自己的意思來行動，不過這樣只會再次惹惱先生，讓他的情緒變得更差。

為什麼先生的心情會變差呢？因為他沒辦法將自己心中真正的不滿表達出來。真正讓他感到不高興的事，其實是「我希望你們都可以跟我一起去，我不想要自己一個人去散步！」

因為真正的不滿無法說出口，所以，才會利用自己特地帶家人來這裡為藉口，表現出一副自己正在施予恩惠的模樣，而最後的結果，則是「我似乎是過度為你們這些人著想了！」或許這位先生，內心真的是這麼想也說不定。只是，之所以會演變成如此結局，事實上都是先生自己的依賴心所導致。

這位先生若是獨自一人的話，無論做什麼都覺得無趣，而年幼的孩子也是一樣的，就如同幼小的孩子會說「媽咪，我們一起去吧！」此外，由於這位先生無法認同自己的依賴心，因此，才會利用「自己對家人的愛」之類的說詞為藉口，不斷地引起紛爭並強詞奪理。

也就是說，會提出不合理要求的人，內在都存有依賴心，正因如此，才會顯得更難相處。這一點，也跟前面提到有些人壓抑想撒嬌的欲求，具有直接的關聯性。

其實，你可以這樣思考！

經常臭著臉，心情悶悶不樂嗎？

自己是不是內心充滿許多欲望，不敢說出來，卻好想有人幫你實現？首先，先衡量一下這些欲望，真的不能靠自己去做嗎？如果可以的話，請自己去實現吧！如果真的希望有人為你實現某些心願，你一定要說出口，才有機會被聽到，一旦別人了解你，即使只是說些安慰或認同的話，你也會感覺到開心許多。然而請切記，滿足你的需求並不是他人的義務，所以，請不要抱持依賴苛求之心。

因為心理障礙而不斷啃蝕家人心靈的父親

有些人無法直接認同自己內在的依賴心，甚至想要找藉口來將自己的行為正當化。也就是說，在他們責怪別人的時候，其實是非常需要別人的陪伴。如果對方真的讓自己這麼生氣的話，離開對方不就好了嗎？這是心理健康的人所擁有的想法。

可是有心理障礙的人，即便一邊怪罪對方，卻也非要跟對方在一起不可。他們會去責備自己內心所依賴的對象，對他們來說這些指責的對象，就是能滿足自己撒嬌欲求的對象。

正因為如此，當對方沒有滿足自己的撒嬌欲求時，他們就會激動地責怪對方。基於此一原因，他們才會顯得又愛又恨，而且無法離開自己經常指責的對象。

就如同現在所說明的一般，有心理障礙的先生看似對家人不滿，但如果失去家人，恐怕又難以承受。歸咎其原因，是因為對這位男性而言，家人完全就是用來滿足自己撒嬌欲求的「工具」，但是，他絕對不會承認這件事。相反的，他會把自己的撒嬌欲求，辯解成是對家人的愛。他不僅在口頭上這麼強調，內心也真的如此認為。

當他獨自一人時，什麼也做不來，所以才會跟家人一起出來旅行。只是從這個時間點開始，這趟旅行的目的，早就變成了要滿足他的撒嬌欲求了。此外，在旅行期間所發生的一切事情，也都是用來滿足他撒嬌欲求的工具。他之所以離不開家人，並不是因為對家人的愛，而是心理上對家人的依賴心所導致。

好比一個孩童，當自己的母親沒有按照自己的意思去做時，年幼的孩子就會不斷纏著母親，同時不斷哭鬧。當母親想要離開時，這個孩子卻又緊緊地抓住母親不放。

在英文當中有一個單字「nag」，這是很囉嗦又不斷抱怨的意思。「a nagging wife」，意指嘮叨、愛碎碎念的妻子。另外，如同前面所提到的，一邊責怪母親，卻又完全無法離開母親的孩子，像這樣的行為就稱之為

「dependency-nagging.」。

還有，這種情況絕對不是只有小孩才會發生。在所有的日本父親當中，就有極高比例的人，會對自己家人會出現「dependency-nagging」的行為。如果是年幼的小孩對自己的母親「dependency-nagging」的話倒也還好，然而，若是立場強硬的一家之主對自己家人「dependency-nagging」，他的家人就會面臨到悲慘的局面。

因為這個原因，有許多家庭猶如深陷地獄般飽嘗著痛苦與折磨。跟年幼孩子的依賴心不同的是，父親具有更大、更凶猛的力量，心中憤怒一旦爆發，情況就會變得不可收拾。而且如果再戴上社會道德、關愛等這些假面具的話，將會進一步引發刺穿家人內心深處的災難。

家人的心，會被刻薄銳利、蠻不講理卻難以逃脫的精神暴力，給無情地啃蝕個精光。獅子等猛獸在吞食獵物時的動作，英文是「devour」。一家之主這種依賴性的指責，也簡直就是在「devour」家人的心，且啃蝕地一乾二淨。

其中最大的悲劇，就是如同獅子將獵物的肉吃光時所獲得的滿足一般，

在這個世界上，有很多來自地獄的使者
會被誤認為是充滿愛心的人，
也有許多來自地獄的使者
會自認為自己就是個充滿愛心的人。

這個一家之主在啃蝕完家人的心之後，自己心中的糾葛，也終於能得到暫時的解決。

如果家人開始跟這位父親出現正面衝突，不了解實情的外人，反而還會責怪他們擁有「這麼棒的父親」竟然還不知感恩，並以責難的眼神，來看待這些被逼迫到有點反常的家人。

因為心靈被自己的父親啃蝕殆盡，而患上心理障礙的小孩，將會被視為是罪惡之人。就像是獅子，會把最美味的獵物先吃完。所有沒能力反抗的孩子，很自然的成為自己父親的獵物，也是最美味的餌食，所以終究會被啃蝕殆盡。

尤其照顧起來完全不必費心，且個性秉直善良的孩子，如果最後患上心理障礙，就表示他是美味的餌食。在某些極端的案例中，孩子甚至會選擇自殺。結果他的父親是怎麼說的呢？「我完全想不到他會做出這種事。」而不知內情的外界，對於這件事的看法，竟然還有人會說：「生長在這麼優渥的家庭中，真的是一點抗壓性也沒有！」

我有好幾次碰到這樣的案例，由於職業的關係，所以我比一般人更有機會接觸到這種情況。在這種時候，我都很想對著那些說出「我完全想不到他會做出這種事」的患者家屬大喊：「就是你們這些人殺死了那個孩子！」可是這句話，絕對得不到家屬的理解與認同，因此，我能做的，也只有在自己心中合掌默哀而已。

此外，這樣的自殺事件，有時會隨著新聞的播報，而被報導成如同前面所敘述的新聞內容，這種時候，我也很想對著那位主播大喊：「拜託你事先多做一點功課好嗎？」

在這個世界上，有很多來自地獄的使者，會被誤認為是充滿愛心的人，也有許多來自地獄的使者，會自認為自己就是個充滿愛心的人。明明就是自己親手將家人推入地獄，竟然還認為在這個世上，再也沒有比自己更深愛著家人的人了。

像這樣的依賴心與關愛之心，有時是會讓人產生錯覺的。

離婚之後的父母，沒人會認為自己是個好爸爸或好媽媽。每個人都會反省並認為自己是個不及格的爸媽吧！可是大家絕對不可以忘記，其實最差勁的父母，往往正是那些絕對不會離婚，卻繼續啃蝕孩子心靈的父母。

為什麼朝下看自己

容易受傷的人，自我評價較低

當內心想要撒嬌的欲求獲得滿足時，一個人才有可能去接受和尊重別人的自由。至於撒嬌欲求受到壓抑的人，則會在所謂自由的名義之下去束縛他人。唯有想撒嬌的欲求獲得滿足時，別人的言行舉止，才不會輕易地對自己產生心理上的影響。

撒嬌欲求受到壓抑的人，對於他人的言行舉止，會出現心理上穩定的依賴感。越是容易感到內心受傷的人，就是基本上欲求不滿足的人。而所謂內心容易感覺受傷的人，對自我的評價比較低，正是如此的寫照。

想要撒嬌的欲求，如果從小就無法獲得滿足的話，這種人通常從小就認為自己被非常重要的人排斥或輕視，在這種情況下，自我評價低也就成了理所當然的事。

認為撒嬌欲求是一件不好的事，而加以抑制的人，他們比較容易感覺心靈受到傷害。

想要撒嬌的欲求絕對不是一件壞事，而是一種自然產生的情感。像是不管是誰都必須去上廁所，不過即便如此，也沒有必要在別人面前不斷報告自己剛剛去過廁所的事，想要撒嬌的欲求也同樣是如此。

我並不會一直在別人的面前，擺出一副自己擁有撒嬌欲求的姿態。不過就算是這樣，如果因為不常直接表露，就以為自己心中沒有撒嬌欲求，可就大錯特錯了。

如果自己心中具有想要撒嬌的欲求，就直接承認這個想要撒嬌的欲求，而不是硬要將這個欲求不滿強詞奪理，假借什麼工作上殘酷無情的壓力、一切都為了對方好之類莫名其妙的藉口，來勉強的合理化。

如果發現自己會提出不合理的要求，就應該要知道：自己正像個孩子似地撒嬌當中。一旦可以承認自己心中那個想要撒嬌的欲求，就有可能不再繼續提出不合理的要求了。

自覺是很重要的關鍵。至於透過正確了解自己的欲求，到底可以拯救自己遠離心中不滿到什麼樣的程度，確實很難論斷，但絕對比一直忽略自己內心欲求來得好。

現在讓我們再來複習一下。**想要撒嬌的欲求絕對不是一件壞事，而是一種自然流露的情感**。會把你心中「想要撒嬌的欲求」當成壞事而加以譴責的人，就彷彿是在要求你不可以去上廁所一樣，不必理會他們的評論。

在這個世界上，有的人很幸運地從小就可以滿足心中想要撒嬌的欲求，但是也有不幸無法獲得滿足的人。有的人在成長過程中，並沒有遇到什麼特別的意外，長大後卻變成情緒化的大人，有些人則是因為經歷了大風大浪，而成為情緒化的大人。這些都是每個人所處的生長環境衍生出的問題。

如果自己心中想要撒嬌的欲求，很不幸地無法獲得滿足的話，就坦然地承認，然後想辦法去加以滿足，這才是成熟大人的做法。

如果不斷找藉口，來將自己的行為合理化，就沒辦法成為一個成熟的大人，而且終其一生，都只能過著為心理障礙所苦的人生，並且還會連帶摧毀周遭人的幸福。

只要老婆問「今天幾點鐘回家？」就會不高興的老公

日本的男性，很討厭在出門時聽到自己的太太問：「你今天幾點鐘回家？」據說很多男人只要聽到這句話，心情馬上就會變得不愉快。

所謂的不高興，其實是想要從欲求不滿當中轉移自己的注意力。不過事實上，這恐怕也是一件非常單純的事吧!?在自我意識逐漸覺醒的青少年時期，會很想擁有屬於自己的房間，而且母親一旦隨便進去，就會使他們非常生氣。雖然日記當中並沒有寫著什麼不可告人的內容，可是當日記被別人翻動時，日記的主人依舊會動怒。

光是這些芝麻小事，就會覺得自己的世界被外人赤腳入侵。被別人知道一些事情，是否真的會帶來困擾？這倒不是什麼太大的問題，而是為了維護屬於自己的世界，就必須確保這些小祕密。

所謂的祕密，就是除了自己之外誰都不知道的事。如果「屬於自己的世界」可以確實存在的話，那麼當身邊的人詢問關於自己的某件事，就不會覺得自己的世界受到威脅。

只是某些缺乏安全感的人，內心的想法或祕密剛產生的時候，還是處於極度曖昧的狀態，所以一旦稍微被問到個什麼問題，就會覺得自己的世界受到了威脅，於是心情就會變得不愉快。

當老婆問：「你今天幾點鐘回家？」，其實這些老公內心真正的回答是「不要問這種問題、少囉嗦！」不過，因為知道老婆這麼問，是想知道自己要幾點開始準備晚餐，所以最後連「少囉嗦！」都無法說出口，結果只回了一句「七點回來」，然後開始在心裡生悶氣。

被問幾點鐘回家，其實並不會帶來任何困擾，而且詢問幾點鐘回家，也不是什麼壞事，正因為如此，有些男人才沒辦法說出「少囉嗦！」這句話。可是有的時候，有些先生則會一副很了不起的模樣回說「男人一旦踏進公司，就不知道什麼時候能回家！」

這種情況，就跟年幼的孩子想要擁有屬於自己的祕密基地是一樣的。有些母親因為非常注重孩子的心情，所以小孩有機會能在成長過程中，擁有自己的祕密基地。不過相反的，有些母親則是主張「不准私藏祕密」，所以小孩就只能在心情任人踐踏蹂躪的環境中成長。

如果母親可以重視孩子「想要擁有祕密基地」的心情，將有助於孩子的成長；反之，母親則會妨礙到孩子的成長過程。

在「不准私藏祕密」的主張下長大的人，即使已經是個成年人了，一旦被問到「你今天幾點鐘回家？」時，還是會出現被追問祕密般的心情，彷彿在瞬間又感受到小時候曾經背負過的罪惡感。

如果是年幼的孩子，在這種時候不僅可以大聲抗議說「唉呀！妳不要問啦！」而且被詢問時若是感到不開心，還可以直接說「為什麼要問這種問題嘛！」讓母親趕忙來安撫自己的情緒。

然而，年齡若是到了三十歲或四十歲，根本就不可能做出如此幼稚的行為。可是由於從小就沒有獲得滿足，一直抱持著同樣的心情直到長大成人，所以基本上，他們內心真正的想法，可說是跟小時候沒兩樣。就算是三十歲的成年人，內心真正的想法也是「不要問這種問題！王八蛋」。

不過，他們並不想承認自己心中仍有這種幼稚的想法。於是就會找藉口說「妳管太多了吧！」或是如同前面所說的，開始編一堆理由，像是「男人一旦踏出家門，就會遇上各種突發狀況……」等等，這些全部都是藉口。

不論是哪一位太太，在詢問丈夫幾點回家時，其實也心知肚明，通常都不會認為自己的先生一定會準時在那個時間回到家。一般的太太們其實都有心理準備，知道先生如果去了公司，隨時都有可能因為當天的工作所需，而突然無法準時回家。

只是礙於每天都必須準備晚餐，才會不管那麼多，總之先問問看再說。即使先生沒有依照自己所說的時間回到家，太太們也沒有打算要藉此去責備先生。

雖然先生自己也知道太太的詢問並無惡意，可是還是沒辦法消除心中那股不愉快的情緒。

自己心中無法說明的情緒，通常都是為了要從某種基本的欲求當中轉移自己的注意力，而這就是莫名情緒所帶給自己的警訊。

毫無理由卻感到不開心，這是因為自己正在隱藏內心的某種欲求。而在自己所隱藏的全部欲求當中，最常見的，就是幼稚的性格。

令人窒息的支配強迫症

最差勁的母親才會問小孩「愛不愛媽咪啊？」

所謂的祕密，雖然經常帶給人們不好的聯想，可是這種被制約的感覺模式，其實會在人類的成長過程中，導致各式各樣的損害。

「我們家寶貝跟別人家的孩子不一樣，真的是個完全不會隱藏祕密的好孩子。」會因此感到得意自滿的父母，正是屬於「支配型的父母」。支配型的父母不懂得要將孩子的祕密看成是孩子的成長過程，而是當做孩子正在反抗父母。在這種父母的教導下長大，只會讓孩子覺得「擁有自己的世界」是一件罪惡的事。

在所有妨礙人類成長的因素當中，應該沒有比這個更嚴重了吧！因為這樣會導致孩子將來無法獨自一人對某件事產生興趣，甚至是無法獨自一人去完成某件事來滿足自己。而且，在父母看不見的地方所做的任何事情，都必須逐一向父母親報告不可。

於是這些支配型的父母，就會很得意地炫耀：我的小孩不管在外面遇到什麼事，一定都會回來告訴父母。這種父母就如同前面所說的，是內在藏有依賴心的父母。

而像這樣內在藏有依賴心的父母，如果沒辦法控制孩子的一切，就會感到不安。他們管教小孩的模式，甚至已經到了「強迫症」的程度。

前面所提到美國的暢銷書《聰明女人／愚蠢選擇》，裡頭出現了以下的文字內容：

「*Dependency needs hide behind another disguise, the excessive compulsion to control a relationship.*」

「依賴心會利用各式各樣的假面具，將自己隱藏起來。」其中一個，就是這種強迫症式的管教模式。尤其是對於小孩的管教，通常都會假借父母必須保護小孩、或是這是父母的責任等冠冕堂皇的偉大名義，架勢十足的藉口徹底地控制小孩。小孩不僅不能擁有祕密，連獨立思考的能力都被阻斷。

如果父母對於自己的依賴心有所認知的話倒還好，只怕沒有自覺的隱藏性依賴心，會帶來更大的問題。因為這種依賴心，會利用「父母」的偉大名義，讓小孩連在外面遇到芝麻蒜皮的小事，都必須回來報告不可，好像擁有祕密就是個壞小孩似的。

父母為了間接滿足自己的依賴心，而徹底執行的管教方式是最可怕的，小孩原本可以學習獨立，都會被當成罪惡而抑制。此外，站在小孩的立場來看，他們也會誤以為心中所有企圖學習獨立的想法，全部都是罪惡的。

認為自己一定要徹頭徹尾地管控小孩才行的父母，其實內心充滿了不安，這就是英文當中所謂的「compulsion」，意思是管控程度已經到了驚人的地步。像是學校三點下課，只要走快一點的話，應該可以在三點二十五分到家。明明二十五分就可以到，為什麼今天三十一分才到家呢？於是小孩就必須說明，在這六分鐘的延遲裡，究竟發生了什麼事。

而小孩也是同樣的情況，只要外出一整天，如果回家後沒有清楚報告每一分鐘所發生的事，內心就會抱持著罪惡感。

「Excessive」這個單字的意思是「過度的」、「超乎常理的」、或是「極端的」等等。其中除了包含強迫的意味之外，更有令人畏懼厭惡的感覺，因此在這個強迫性之前，應該還要再加上「過度的」。也就是「the excessive

毫無理由卻感到不開心，
這是因為自己正在
隱藏內心的某種欲求。

compulsion to control a relationship」，像這樣代表著超乎常理的脅迫感。

然而事實上，在這個世界當中，真的有不少這種人存在著。

這種父母如果沒有隨時測試小孩是否對自己真正坦誠的話，就會一直感到心神不寧。由於必須經常確認小孩有沒有瞞著自己什麼樣的祕密，所以內心的不安，簡直到了無法克制的地步。

在這種情況下，父母會不斷逼迫小孩，來向自己宣示忠誠。如果跟這種人談戀愛的話，大部分的人最後應該都會選擇逃走，因為受不了他們的嫉妒心跟強烈的懷疑，而在慘叫聲中逃跑。

在實際的戀情當中，絕大多數都是因為這種嫉妒心跟強烈的懷疑才導致分手。此外，萬一自己的主管是這種人的話，恐怕也只能在下班之後借酒澆愁大吐苦水吧!?最後，也只能期盼公司安排自己到其他的職位，或是等待主管的人事調動了。

不過，如果是親子關係的話，就沒辦法像這樣輕易獲得解決，甚至連逃走的機會也沒有。尤其在成年之前，家庭根本不像公司一樣具有人事異動的機制，相反的，父母還被賦予權責，可以隨心所欲地管控孩子，並且隨自己高興來滿足隱藏在心中的依賴心。

英國教育家尼爾曾說，最差勁的母親才會問小孩「愛不愛媽咪啊？」所指的應該就是疑心病重的管控型父母，而這種父母親，常常未曾注意到自己內心具有根深蒂固的依賴心。不斷要求小孩說「我最愛媽咪了」，不然就會感到不安，這完全是深深隱藏在心中的依賴性格所導致，隨時都在強迫小孩表達對自己的愛意。

壓抑的依賴心，將會對周圍的人們帶來巨大的破壞力。也許男女之間關係是對等的，遇到這種事，還可以從這種困境中逃走。然而親子關係就大不相同了，若是大人用依賴心來對待孩子，孩子需要大人照顧養育的不對等關係下，被迫只能承受一切，成為犧牲品，並且認為這是必然的、正常的。

小孩會把「自立」「自覺」的想法，誤認為是一種罪惡，內心感到不安和罪惡感。而且不斷被迫向父母宣示忠誠和愛意，也會讓小孩覺得不這麼做的話，就得不到別人的信賴，結果養成錯誤的感覺與思考模式。

一旦養成老是覺得自己不被信賴的習慣，日後就會成為一個不斷找藉口，不然會不知如何自處的人了。

受到控制型的父母所養育的孩子，
會為了擁有自己的世界，
而抱持著罪惡感。

其實，你可以這樣思考！

身邊有個愛查勤和控制欲強的人嗎？

對於這樣的情況先別反感，請同情他們內心真的很不安，有嚴重的依賴心，所以想緊緊抓住某個人作陪。轉移他們的注意力是好方法，幫他們尋找個人興趣，讓他們心靈有所寄託，能力得以發揮，你就能順利脫身。如果他們仍緊緊鎖定著你，也不需要花力氣逃避他們，只要一天跟他們分享一兩件事情，讓他們感覺受到你的重視即可，不用清楚的報告每一分鐘所發生的事。

疑心病，會讓男性不舉的女性類型

疑心病重的人，同樣是正在壓抑著內在的依賴心。從小不斷遭受背叛的人，長大後不一定就會衍生出嚴重的疑心病。而身處在優渥的社會環境中成長的人，也有可能出現嚴重的疑心病。疑心病和物質環境並沒有關係。

關鍵在於內在潛藏著依賴心的人、對情愛感到欲求不滿的人，在這些人的心底深處，應該是對自己感到非常失望吧!?而在他們的觀感當中，也早已對自己留下「沒用之人」的烙印了吧!?

所以，即使已身為人母，還是會不斷問自己的小孩：「愛不愛媽咪啊？」如果沒聽到小孩說「愛！」就會感到極度不安。這種情況，在經常要求小孩必須宣示忠誠的「管控型父親」身上也是一樣的。就因為內心深處對自己感到非常失望，所以小孩如果沒有隨時表現出忠誠的態度，就會失去安全感。

內心深處若是可以對自己產生信賴感，應該就不會一直逼迫別人要對自己顯示忠誠，而且，也不會每次都要別人表現出源源不絕的好意才行。一切都是因為內心深處對自己感到非常失望，所以疑心病才會變得越來越嚴重。潛藏在內心的依賴性格、沒有得到滿足的情感欲求、以及心底深處對自己所產生的失望感，這些都是驅使某人成為心理障礙患者的重要因素。

因為對自己感到失望，所以，希望能透過強迫別人來尊敬自己。越是對自己感到失望的人，就越是想要別人來尊敬自己。也就是說，這種人會提出矛盾的要求。他們一方面希望自己能以成年人的姿態來獲得別人的尊敬，但同時，又要求別人必須滿足他們內在潛藏的依賴心，於是別人在安撫他的同時，還必想辦法採取不會被他人發現的方式來維護他的面子，同時哄他開心。雖然說，哄小孩並不是一件容易的事，但要哄內在潛藏著依賴心的大人，卻是一個更加困難的任務。想要跟這種人在心理上擁有對等的關係，幾乎可說是天方夜譚。

如果彼此雙方都具有潛藏的依賴心，彼此之間的相處，大多都只會帶來傷害！兩個人在心底深處都對自己感到失望，可是在對方面前，又會隱藏自己心中對自己的這種失望感，而用佯裝的強硬態度對待彼此。

這種人際相處，一剛開始雙方都會維持表面上的尊敬，並且互相吹捧拍馬屁。因為彼此尊敬又會互相吹捧拍馬屁，導致雙方都覺得很開心，於是能夠在短時間之內拉近距離。可是，雙方依舊在心底深處，隱藏著依賴心和對自己的失望感。

隨著兩人的相處越來越親密，彼此都可以在自己的潛意識當中，感受到對方的潛意識部分。另外，對自己感到失望的人，雖然會在表面上迎合對方，但事實上有時會對別人抱持著隱藏的復仇心，希望別人也因此跟自己一樣感到失望。

對自己感到失望的人、內在潛藏著依賴心的人，這些人雖然嘴上會說些表面話，但事實上，他們完全沒辦法溫柔地對待別人。即使在意識上會希望自己努力去溫柔地對待別人，可是在潛意識當中，卻會想要去傷害對方。

雖然說是潛藏性的依賴心，可是別人一定可以感受得到，所以對別人來說，這些表面的奉承迎合，只會造成心理的負擔。

有一位外表十分美麗的上班族女性，雖然身邊不斷有男性追求討好，可

越是對自己感到失望的人，
就越會希望能得到別人對自己的尊敬。

是她始終無法跟某位男性擁有長期的親密關係。

因為男性們只要第二次或第三次跟她相處在一起，就會開始感受到這位女性所帶來的沉重壓力。這位女性對於愛情的欲求異常地強烈，在未熟識之前，只是隱藏起來並沒有外顯。不過即使再怎麼隱藏，與其深入交往的男性，終究還是會因為這位女性不斷提出各式各樣的要求，而感到自己痛苦地快喘不過氣來。

像這樣的女性，就是會導致男性變成性無能的類型。內在具有潛藏性依賴心的女性，在男性面前當然不會坦誠地展現自己。不論是面對自己，或面對男性伴侶，都會隱藏自己的依賴心。除了自我隱藏之外，她還會想要控制自己的男性伴侶，對這位女性來說，完全無法安心地跟男性相處在一起。

此外，這位女性本身還會害怕被男性拒絕，所以，會對男性提出莫名其妙的龐大要求，並且想要掌控對方。利用對於男性的控制與掌握，來消除自己心中害怕被拒絕的不安感受。

下意識的依賴心會決定人際關係

在親子關係當中也是如此，控管型的父母，大部分都會對小孩隱藏自己的依賴心。而除了戀愛或親子關係以外，在這個社會當中，也經常會出現控管型的主管，不管面對自己或面對他人，都隱藏著內在的依賴心。

所謂人類的潛意識真的是非常可怕，在潛意識當中所明白的各種事物，早已超乎我們的想像。彼此之間同樣身為潛藏性依賴心的人，他們可以在潛意識的層面中進行各式各樣的交流，而這種交流，跟意識層面的交流是完全不同的。

即使在表面上，雙方看似都對彼此非常溫柔，可是兩個人卻始終無法好好地相處，這都是因為：彼此沒有發現他們在潛意識的層面所進行的交流。

內在潛藏著依賴心的女性，雖然嘴巴上會對自己的男性伴侶說「沒關係，就照你的意思去做吧！」可是事實上，這位男性卻會深深感受到壓力的存在。這是因為，女性在潛意識當中大喊著：「你只能看著我、要更溫柔地對待我、要滿足我的更多欲求、必須更了解我、對我再好一點、心中只能想著我……等等。」

雖然只是在潛意識當中吶喊著：「我討厭你去看其他女生、你一定要讓我覺得更滿足、來成為我忠實的奴隸吧！」這些心聲對方其實都聽得見，女方只會表面上順從，卻用很多間接的方式不斷責備男性伴侶，為什麼沒有好好地滿足自己的要求？

年幼的孩子會對母親提出各式各樣的要求，還會向母親撒嬌，如果母親沒有依照他的想法來做的話，就會不厭其煩地對母親展開「攻擊」。

前面提到的那位女性，在跟男性進行潛意識層面的交流時，就像年幼孩子與母親之間的交流一樣。彷彿是一個情緒壞到無可收拾的小孩在與母親進行交流，年幼的孩子因為不高興而開始責怪母親一般，這位女性也在潛意識的層面裡，不斷地指責著男性伴侶。

在這種時候，如果這位男性伴侶可以像是母親似的，在心理上出現成長的話倒還好，但若結果並非如此，這段男女關係就會開始不斷產生糾紛。萬一這位男性也具有潛藏的依賴心，那麼兩人之間的關係惡化，也是理所當然的事了。

這位男性具有潛藏性的依賴心，並且在心底深處還有一股無力感，所以每次女性伴侶指責自己時，都會感覺不斷受到傷害。由於心底深處有一種無力感，因此會去迎合自己的女性伴侶。也就是想要藉由滿足對方的依賴性，來維持兩個人的交往關係。

因為雙方都具有潛藏性的依賴心，所以即使交往關係已經惡化，卻無法立即分手。就算已經受到傷害，還是會想要去依賴對方，雖然互相傷害著彼此，可是同時，卻還希望對方能夠喜歡自己，這就是最致命的弱點。

由於內心渴望對方可以繼續喜歡自己，所以，就算心底深處不斷責罵對方，也無法主動選擇離開。如果內心的愛情欲求原本就能獲得滿足的話，應該就不會像這樣渴望對方來喜歡自己了。可是對於愛情的欲求一旦無法得到滿足，就會為了想讓對方擺出好臉色，而想盡辦法去完成對方所提出來的不合理要求，並且認為，這樣就可以贏得對方的尊敬、得到對方的愛。為了這個目的，即使受到再大的恥辱與貶低，都無法順利地離開對方身邊。

彼此都具有潛藏性依賴心的人，就算雙方都受到了傷害，還是會想要去依賴對方，所以根本無法順利地分手。

因為關係惡化而直接分手，這簡直就跟失去對方是一樣的。對一個愛情欲求無法獲得滿足的人來說，再也沒有比失去對方更痛苦的事了。於是仍緊緊抓住這個關係已經惡化的伴侶不肯放手，然後讓自己變得越來越糟糕。

所以，當你發現兩人之間的交往關係惡化，卻越是覺得自己無法離開對方的話，這表示你跟伴侶之間在潛意識層面所發生的事，已經超出意識層面可以控制的範圍。兩人一定在潛意識層面中發生了某個癥結點，彼此的關係之所以會惡化，完全都是「潛意識的交流」結果所導致。

為了讓自己能夠藉此成長，就更要毅然決然地離開對方才行。

第5章

愛人、以及被愛的能力

借題發揮只為壯膽

成年人為了「雞毛蒜皮小事」動怒的理由

只要人無法活得坦率且理直氣壯，就會下意識把那些無意義的小事當成大事來看待。

有個孩子告訴父母想吃B店的漢堡，但不想吃A店的漢堡。他的父母其實很想跟孩子說：「吃哪家不都一樣。」事實上，這兩家的風味真的沒差多少，的確「吃哪家都可以……」。

但是，就心理上來看，「吃哪家都可以，怎麼做都可以……」等同於「怎麼做都不好……」。這時如果父母因為交通方便要孩子吃A店的漢堡，他就會不高興地大吵大鬧。

不過，孩子可以生氣吵鬧，但成年人可不能因為這點小事就大吵大鬧。正因為父母自己覺得「怎麼做都可以……」，但若因孩子吵鬧就動怒，未免不成體統，兩難之際，事實上有很多成年人，確實會因為這點雞毛蒜皮的小事感到生氣或難過呢！

又例如，不管走哪條路，相差不會超過五分鐘。這時如果是成年人因為沒有走自己想走的那條路就生氣，大家會覺得很奇怪。但若是個孩子，因為沒有走自己想走的路而生氣、嘟嘴、滿臉不開心，就屬於因為年齡心智「不成熟」的幼稚行為，可以被理解和包容。

就算是成年人，即便是這種小事，只要跟自己的期待不符，很多人下意識還是會跟小孩子一樣地生氣。**很多的成年人其實跟孩子一樣，情緒都處於未成熟的狀態**。

就情緒上來看，有人跟三歲的孩子一樣，有人跟七歲的孩子一樣，有人則跟九歲的孩子一樣。但是，七歲的孩子因為「還小」，當事情不符自己期待時可以生氣，但三十歲的成年人可不能生氣。

而且，很多成年人也不清楚自己為何會生氣。很多找專家諮商的人都表示，不清楚為何自己容易在家裡發脾氣。其實，這些人可以試著觀察：小孩子在怎樣的情況下馬上就會嘟嘴生氣？

有個六歲的孩子想要自己開門，他走到門邊……，可是別人卻先開了那扇門。這個六歲的孩子可以因為「門怎麼被別人打開了……」這樣的理由發脾氣。如果是父母開的門，他還會跟父母發脾氣。

若是理解別人心情的大人，應該會跟這孩子說：「對不起……對不起……我不知道你想開啦……下次一定會讓你開啦……」。但若是情緒不成熟的大人，反而會對孩子發脾氣這件事動怒。

無論如何，對孩子來說，他可不認為「就是門嘛……誰開不都一樣……」。自己想開的門，是自己去開或者是由別人去開，是個很「嚴肅」的問題，尤其這個門如果還需要鑰匙的話。

不過，成年人真的不能因為「這種怎樣都可以」的小事動怒。與其說是因為這樣就動怒很不成體統，倒不如說是自己心理上認為，不應該因為這種小事就動怒。

但事實上，不應該動怒的自己已經處於生氣的狀態。生氣時的自己，不能承認自己正在生氣，因為四十歲的自己，不應該為了這點小事就生氣，無論如何，都不應該做出這種為小事生氣的蠢事。

不知為何總覺得心裡不痛快，或者是陷入連自己也處理不來的壞情緒時，大多起因於這種「不應該」。自己下意識會去忽略或無視的這類小事，在內心層面其實早已動怒了。

正因為如此，自己也會莫名所以地陷入不愉快的狀態，許多人無法處理自己的壞情緒深深陷入了「不應該」的苦惱中，還得裝作不在意。

很多靠自己去處理自己情緒的人，都會高估自己的能力，而這些人大致都是情緒未成熟的狀態。無論你在社會上多活躍，無論你的生理年齡幾歲了，就心理上來看，可能只有五歲！

如果自己的心理跟五歲的孩子一樣，就不會發現小小的瑣事會對自己帶來很大的影響，只會陷入其中，隨情緒擺布。

小時候的撒嬌欲望未被滿足的成年人，特別會因為愚蠢至極的無聊事或瑣事，心裡受到很大的影響，因為他除了為問題感到不開心，還必須壓抑自己的情緒，以免被別人看出來自己的心智年齡其實只有五歲！他當然是超級不開心的！

人同此心知己才能知彼

唯有內心坦率的人，才能理解別人的心理

孩子都是小氣鬼。哥哥會因為父母給了弟弟什麼就不高興，就算自己沒有吃虧，也不允許弟弟得到什麼。憤怒的哥哥會跟父母抗議，而且就算長大了還是一樣。即使自己沒受任何影響，也不允許跟自己有關的人得到好處。

但是，成年人可不能讓自己表現得跟七歲的哥哥一樣幼稚，所以，要給自己找理由，必須連自己都覺得這個理由很有道理。總之，自己可不能被認定是個小氣鬼……。

而實際上，內心深處就算別人只比自己多一點點好處，自己還是會生氣，而且也沒察覺自己在生氣。

會想要找各種理由幫自己說嘴的成年人，大致都是小氣鬼。而且，自己都沒發現自己是個小氣鬼。所以，常常莫名所以就不開心或者是不愉快。

「不知為何……」這件事其實是自己在說謊，自己內心深處很清楚為什

麼，只是下意識不想承認。實際上幼稚且小氣的人，變成稱頭的大人後，意識上仍有錯覺：「不清楚為何會這樣……」。

小孩子若對別人感到不開心，別說自己的玩具不會借對方，甚至還會跟他說：「連看都不能看！」這類的話。活躍於社會上的三十歲成年人也是一樣。有一位結婚有個六歲孩子的父親，也跟他六歲的孩子一樣，常常出現「連看都不能看！」的情緒。不過，這個父親本身通常都不會承認這種事。

只要撒嬌的欲望沒被滿足且受到壓抑，這個人到死都會被這種情緒所操控，就算他是個擁有六歲孫子的老爺爺也是一樣。

這些人不斷苦於內心的糾葛，對別人的撒嬌欲望提出批判。他們不認同孩子或孫子的撒嬌行為，甚至嚴厲責怪孩子：「怎麼可以做這種事……」。在這方面內心有糾葛的人，特別無法理解別人的心理。

一想到苦於內心糾葛的人數很多時，就會更訝異能夠理解別人心理的人數，還真是少。無法全然理解孩子心理的老師，或者是無法全然理解孩子心理的父母何其多啊！最重要的是，他們都是內心有糾葛的人，所以無法理解別人的心理。

會說既然是人就應該互相理解這些話的人，
是會若無其事傷害別人的人。

反過來說，要讓內心有糾葛的人回過頭來理解自己的心態，也可能是白費工夫。**會說「既然是人，就應該互相理解」這些話的人，基本上對別人都有控制欲，會無視於別人內心的痛苦，若無其事地傷害別人。**而且，是在嚴重傷害他人的同時，連自己都沒有意識到自己是這種人。

這種人，通常自己的內心全然不被別人了解，在這種冷漠的環境下，被內心糾葛的父母養大的人，要求他們理解別人的心理，無異是緣木求魚，根本無望。

換句話說，若從另一個角度看，內心沒有糾葛且坦率的人，就能理解別人的心理。**心理沒有糾葛又坦率的父母，能對因小事動怒或難過的孩子表示深切的同理心，接受孩子這樣的心理作為，並給他們情緒引導。**如果是內心有所糾葛的父母，就會把這件事當作「小事」來處理，當成「錯事」來打壓。

缺點少的人，不代表對自己就充滿信心

前面已經說過，內心有糾葛的人，無法理解別人的心理。換句話說，能理解別人的心理，證明自己的心理素質很健康。

有心理障礙傾向的人，無法分辨怯懦者與誠實者；但是，心理素質健康的人，卻能馬上分辨怯懦者與誠實者。這是無法理解別人心理之心理障礙傾向者，對於自己人生和人際關係上悲哀的現實面。無法察覺到自己真實面的人，當然也無法察覺別人的內心。

無法理解別人心理的人，也無法信任別人。就算別人真的對自己釋出善意，也沒有能力感受別人的善意。有心理障礙傾向的人，會把自己的心態投射在別人身上，誤認為這也是別人真實的模樣，當然，也就無法看清別人真正的模樣了。

或許就因為他們不喜歡自己，因此也不相信別人會喜歡自己。他們對於

別人所表示的「喜歡」這樣的語言無法感到安心，也不會相信，這種人下意識裡很討厭自己。而且，根本不願去正視「自己討厭自己」這件事，也就是採取壓抑、迴避的態度。然後，把壓抑的心態投射在別人身上，也覺得別人是討厭自己的。

這種人即使在社會上多有地位，別人釋出多少善意，他還是不會相信別人所說的話。有時可能表面上理解別人的善意，但只要內心深處討厭自己，到最後，他還是無法相信別人釋出的善意。

我常常碰到對於別人釋出的善意感到疲憊的人。他們無法安心且全然的接受別人的善意。這樣的人，下意識也不會對自己釋出善意。如果下意識討厭著自己，那對別人釋出的善意感到彆扭，也是理所當然的！

如果老是認為現在的自己充滿缺點，又如何能相信別人釋出的善意呢？所以，絕對沒有現在的自己充滿缺點這回事。目前自己最大的缺點只有一個——那就是自己討厭自己。

面對別人所投射的情感，只有符合自己下意識認知的部分，自己才會相信。下意識討厭自己的人，總是對別人釋出的善意充滿懷疑與不安，所以，心情一直無法保持平靜。

別人喜歡你這件事，並沒有什麼附加條件。當別人喜歡你時，並不表示他連你的缺點都會喜歡。你的缺點對這個人來說，只是他所喜歡的你之中少許不討喜的地方，而即使有缺點，他們仍然是喜歡你的。

千萬不要因為有缺點就討厭自己。畢竟「他所喜歡的你」有缺點，並不會因此改變他對你的好感；但下意識討厭自己的人，似乎都不會想去了解這一點，只是不斷擴大自己對自己缺點的擔憂。所以請保持信心，當別人讚美你的長處時，你可以安心的相信，他把「你心中討厭的你」當成「他喜歡的人」來看待。

而且，若太介意自己的缺點，而持續隱藏自己的優點，會陷入宛如被拋棄的錯覺中。反過來說，只要下意識喜歡自己，一旦有人表示好感，自己也不會出現「有如此缺點的自己會不會被拋棄？」的不安感。而能確實認知自己的缺點只是「他所喜歡的你」之中少數不討喜的地方。

所謂對自己有信心的人，不會認為自己的缺點就是自己被人拒絕的理由，也不會因此更加討厭自己。會這麼想，正是因為自己對自己充滿信心，

別人喜歡你時，雖然不表示他連你的缺點都喜歡，
但表示他接受你的缺點，且依然喜歡你，
所以就算有缺點，也不需要討厭自己。

認為自己仍有許多優點。若總是在意自己有缺點，一直擔心自己會不會被拒絕的人，是對自己沒有自信的人。

這個人有無缺點這件事，跟這個人對自己有無自信這件事，根本是兩回事。對自己有無自信這件事，與其說是優點或缺點，倒不如說是基本的個性問題。

就算是充滿缺點的人，若對自己有信心，還是可以快樂過活；反之，缺點少的人若對自己缺乏信心，恐怕也無法活得開心。

其實，你可以這樣思考！

就算表面上理解別人的善意，但卻有所懷疑，不相信別人的人。

如果有此現象，可試著反省自己在內心深處是不是討厭自己，認為自己不值得對方這樣付出，所以你懷疑對方另有所圖。請這麼想：我和別人一樣具有獨特性和優點，有人喜歡我是可能的，並且我也可以善意的對待別人。

真面目並不會比較差

不要害怕讓別人知道真正的自己

你是否想對別人隱瞞些什麼？你是否害怕對別人展現真正的自己？

你很清楚自己下意識對自己沒信心，對自己感到失望。可是，這些事你並不想讓別人知道。正因為這些事不想讓別人知道，就要在別人面前「裝出」有自信的樣子。

但是，就是這樣才會被別人討厭吧？不管被人喜歡或討厭，或被人友善或不友善對待，其實都是非常單純的行為。因為不想讓別人看到真實的自己，就想要隱瞞。而且，還刻意讓不同於下意識所認知的真實自己，成為別人既定的形象。這樣做的話，很容易被看穿，所以很容易被別人討厭。

很多人都想要對別人隱瞞心底某個幼稚不成熟的想法，若問為何想要這麼做？原因在於擔心被知道以後會被別人輕視。一想到心底某個幼稚的願望一旦被別人知道就會被拒絕，當然要拚了命的隱瞞真實的自己。事實上，並不會因為偽裝自己就能獲得對方的好感，但是，當事人卻誤以為虛假的包裝自己，就會被喜歡。

選擇隱瞞真實自己的人，想透過「隱瞞」來被人喜歡，反之，不這樣做就會沒有安全感，就認為自己會被討厭。像這樣下意識對自己缺乏信心的人，若不對別人和自己隱瞞這個沒有自信的自己，很難跟別人產生親密感。

不去隱瞞自己內心幼稚的願望，反而比較能獲得別人的信任。明明很幼稚，卻要裝成大人的樣子，是得不到別人的信任的。渴望被人信任所以要拚了命的「裝模作樣」，但最後反落得不被信任和貶低的下場。

當然，有時你會成功的偽裝，賦予自己跟內心世界截然不同的形象，讓別人以為你是「眼前所見到的你」。雖說下意識對自己沒自信，但有時卻想讓別人覺得自己充滿自信。儘管像這樣花心思去包裝自己，但生活似乎沒有比較快樂，人緣也沒有比較好。

這樣做，基本上只會讓自己遠離真實的自己，讓自己更不知該如何肯定自己，當然別人更無法瞭解你了。真實的自我面貌被自己毀壞，只會加深自己對於自己的懷疑和不確定感。

最重要的是，就算這樣的策略成功吸引了不知情的人，卻只會導致自己內心層面更加的毀壞，過不了多久，你會因為怕真相被揭露而感到不安，甚至感到恐懼。

那些所謂的心理障礙傾向者，因為執著於內心的糾葛，已沒有能力和力氣去了解別人的心情。所以就算有人喜歡他，因為他沒有能力去了解別人的心情，還是會一直擔心會不會被別人討厭。

即使別人已經明白表示，連缺點都會一起喜歡的心意，他還是不相信別人的意思。他很擔心有缺點就會被拋棄，所以，一直想要隱瞞自己的缺點。

這就是心理障礙傾向者缺乏了解別人的能力，所衍生出的悲劇，也是以自我為中心的角度看待世界所產生的悲劇。這些人與其說是太在意別人的心情，其實說穿了，是在意自己在別人心中的形象。

於是，他會覺得像這樣給自己鋪排形象，別人會比較喜歡，自己一個人和自己對話，自己單方面揣測別人的感覺。但事實上，像這樣給自己鋪排形象，別人的心情並不會如心理障礙傾向者盤算的一樣。

例如，有心理障礙傾向的男性認為，若讓女性朋友覺得他是強壯的，就能博得對方的好感。

如果這個男性能感受到自己被喜歡，那他的心理障礙可能可以獲得改善。但是，大部分的狀況卻不是這麼一回事。這個有心理障礙傾向的男性，也許因為被別人喜歡而感到開心，但卻又因為擔心失去這個女性，而拚命想展現自己強壯的一面。

這個男性想展現自己強壯面的焦慮感，來自他打從心底瞧不起自己的感覺。但是這個男性並沒有察覺到，他所追求的這位女性，其實並沒有特別期待他展現強壯的一面。這個男性自顧自地認定，只要自己展現強壯的一面，就能持續擁有這個女性的好感。而且也自己認定，若不這樣做，自己就會被拋棄。

為何這個男性會這麼想呢？這是因為，這個男性下意識認為目前的這個自己充滿缺點。會有這種感覺的只有他自己而不是別人。這個女性也全然沒有察覺這個男性心底層面的感受，只被他拚命展現強壯的各種言行搞得莫名其妙，甚至厭煩。

就跟前面所說的一樣，這個男性沒有想要了解這個女性的想法，以至於一直在做完全沒辦法討這位女性歡心的事。

明明看到女性無所謂的反應，或許這個男性還是會持續做出這個女性沒有期待的事，而且，還會去誇耀一些這位女性所沒有期待的事。

從這個男性的觀點來看，以為這樣做才會得到尊敬，心裡充滿自信的認為這樣做不是很棒嗎？但對女性來說，可不會看到這樣就覺得他很棒。

男性這邊雖然如此賣力誇示自己厲害的一面，但女性這邊全然沒有這樣的期待。於是，白忙一場沒有獲得誇獎的男性感到不服氣，沒有獲得期待中之讚美，也讓他覺得不開心。

很多事情的效果和成敗，都是自己想像出來的。這個男性如此賣力展現自己，因為對方不理解，未加以讚賞，他就認為自己失敗了，於是，他又因此陷入擔心自己被拋棄的不安中。失去自信，開始為失敗找各種藉口，但這也是自己想像出來的，女性這邊也許完全沒有注意到這個「失敗」，因此也不理解男方為什麼沮喪。

完整的接受並愛著

受人喜愛的真實涵義

所謂的受人喜愛，並不需要刻意去迎合對方，但心理障礙傾向者無法理解這個涵義。他們認為自己若沒刻意迎合對方，自己就不會受人喜愛，就算現在受人喜愛，之後也會被拋棄。

所謂的受人喜愛，就是對方很滿意自己。即便你什麼都沒做，他只要跟你在一起就感到很滿足。而下意識對自己感到不滿的人，無法想像對方就是很滿意自己這件事。於是，會產生很多的自我壓力、自我勉強，多少會想要奉獻自己，希望對彼此的關係有所幫助。

希望對事情有所幫助並不是壞事。**但若覺得「自己不特別去做些什麼，就無法繼續保有對方的好感」這樣想就錯了**。而且若抱持這樣的想法，那無論如何也無法跟對方建立親密的關係。

這可能是小時候，對重要的人「有所幫助就會受喜愛，若沒幫助就會被拒絕」這種不愉快經驗殘留到現在的結果。於是，即使長大成人，也會誤以為大家都是這個樣子。

這樣的人，看不見他眼前這個活生生的人，只是透過眼前這個人，看到自己小時候周遭的大人而已。亦即，他只是透過眼前這個人，再次體驗昔日的體驗罷了。

這樣的人，並沒有想要看清楚和理解自己現在的樣子，也許也不打算理解眼前這個人的想法。其實只要他真正理解眼前這個人，這一切的誤解都會煙消散的。

而所謂有心理障礙傾向者，與其說想去了解眼前這個人，倒不如說是不願給對方不好的印象，而採取防衛性姿態。

在這個世界上很多人都認為，與其花時間去了解對方，倒不如花時間建設和包裝自己，以免給對方不好的印象，於是白白耗費了無數的心力。

對於那些下意識自己討厭自己的人來說，要讓自己相信對方喜愛自己，總覺得怪怪的。他們不習慣擁有這樣的感覺。總覺得那樣的感覺不太真實，要讓自己有這樣的想法，根本不太可能，他們對這種感受充滿了不確定感。

所謂的受人喜愛是，
即便你什麼都沒做，
對方還是對你很滿意。

就算好不容易感受到對方就是喜歡自己目前的樣子，還是不太相信這樣的感覺。心裡面一直不安地覺得，有這樣感覺真的沒關係嗎？這是是「真的」嗎？

其實，這也是無可奈何的事。這是因為當事人長期以來都覺得，唯有自己對別人做出奉獻，自己才會被喜愛。事實上，若能在小時候奉獻他人獲得滿足感，或是自己的欲望得到他人的關注或滿足，長大就不容易出現這樣的缺陷。

這些小時候沒有真實對待自己，或只注意要犧牲自己的人，長大後突然被別人喜歡或告白，可能內心感受到的，更多是受寵若驚的不安感，無法產生真實的感受。

不過，這樣的感覺還是可以逐漸被確定，讓自己確實感受到這樣的感覺。**只要自己察覺到，自己下意識對自己的不滿和沒自信，自己能開始學習肯定自己的話，自然能夠感受到別人確實也會接納有缺點的自己呢！**

好感和袒護下的依附關係

在感受到他人的好感之前，我們往往會先感受到「被袒護」的感覺。要知道，被人喜愛的感覺和被人袒護的感覺是不一樣的。下意識不滿意自己的人，雖感受不到別人對他的「好感」，但卻能感受到別人的「袒護」。而且，下意識不滿意自己的人，會很開心被人袒護。被人袒護會很開心，意味著這個人暴露了內心深處的性格，而且欠缺理解他人的能力。

會去袒護別人的人，通常比一般人更具依賴性，不容許對方有所自由。袒護者經常是所有欲強，具有支配性的人。

被袒護這件事意味著，要犧牲自己的自主性才能被袒護。而被袒護就感到開心的人，其實是在不理解對方的情況下感到開心。如果有理解對方的能力，就能察覺袒護自己的那個人內心的想法，這樣的話，應該就很清楚這件事對自己來說，絕不是一件開心的事。

袒護與被袒護的關係越演越烈後，就形成依附的關係，而且是要互相犧牲自己跟對方的自主性，才能構成這種依附關係。

所謂的依附關係乍看之下，像是個非常理想的關係。在這種依附的關係下，彼此間不會有口角，也沒有意見對立或感受不一樣的情形。換句話說，在這種情形下，彼此都捨棄自己的意見，當然就不會有對立。正因為壓抑了自己的感受，不容易出現意見不同的情況。

身處於這種依附關係下，會誤以為彼此很親密，因為彼此都犧牲掉自己的個性，來維持這樣的依附關係，內心已經像個無核的空殼，也沒有自己的世界。

不，嚴格說來，要有自己的世界等同於要背叛對方！這才是依附關係。不必犧牲自主性的互動關係，彼此都能擁有自己的世界，真正愉快的親密感，是彼此都不會認為這是背叛，而且這也不是壞事，甚至能彼此分享各自世界中值得開心的事。

在親密的關係下，對方跟自己可以在各自世界裡，安心享受自我的幸福喜悅感，彼此交流時，也會覺得這樣真的很棒。可是，彼此依附的關係情況剛好相反，對方在跟自己沒有直接關係的世界裡，不會感到幸福，也不會覺得開心。

所以，長期處於這種依附關係者，即使面對已經變得熟悉的人，也要刻意隱瞞自己在另個世界感到開心這件事，甚至，還會對這樣的狀況背負心理上的著罪惡感。

長期處於這種依附關係的人，怎麼也無法了解看似和自己親密的人，會在跟自己沒有直接關係的世界感到開心。他想要強調的是，唯有兩人共同的世界，才會感到幸福。

而且，他認為唯有跟親密的人同享一個世界，自己才會幸福這件事，也應該會帶給對方很大的喜悅。他對這件事心情意外平靜，亦即他並不覺得這有什麼不對。

他強調了唯有在「共享的親密世界裡，自己才會幸福」這件事，卻萬萬沒料到，這反而會讓對方陷入悲慘的境地。在「袒護」與「被袒護」為主的依附關係下，依附的關係越久、越緊密，就越來越難與別人建立真正的親密關係。

親子關係若長期處於依附狀態，即使長大成人，也無法跟別人建立親暱感；因為他們害怕親暱感，也始終無法理解變得親密這回事。

真正的親密關係，是要彼此擁有自己的世界，各自在這個世界體會「幸福感」，然後擁有共同的世界。正因為彼此在自己的世界裡擁有了幸福，彼此共同的世界也會更豐富。只要變得親密，對於自己的朋友跟自己以外的朋友友好，也都會感到開心。

若親子過去處於依附關係，等這個孩子長大成人，就會強調自己真正的世界。而且，長期處於這種依附關係的人，即便交往了戀人，還是一樣的心態。亦即，他認為只有跟這個戀人相處的時刻，才是真正的幸福，甚至覺得其他的交際都是不得已的事。他認為像這樣強調專情能取悅他的戀人，但只要這個戀人心理素質成熟，這裡強調的事，只會讓她感到壓迫感，可是他完全沒有察覺……。

在長期依附關係下長大的人，所謂的罪惡感或良心，只不過是依附關係的附屬品。這種人不會苦於罪惡感，只會苦於自己的依賴性。

依附關係的辨別方式

自己現在跟親密的人，是屬於「依附關係」，或者是真正的「親密關係」，可從以下的事情加以辨別。若覺得心裡充滿無力感，甚至威脅到生活，那就是依附關係。心裡充滿無力感且生活受到威脅的人，無法安於現況，會想要虛張聲勢有所作為，但有時光用想的就沒了勇氣，且充滿失望感。

會虛張聲勢或迎合別人，無法安於現況的人，無法跟別人建立親密關係，有的只是依附關係，這是個惡性循環。若心理素質夠成熟，就能跟別人建立親密的關係，這時不需要虛張聲勢，也不需要迎合別人。而且，跟別人建立親密的關係，還能讓自己的心更強壯。

再者，所謂的依附關係會有一種獨特的氛圍，別人怎麼也打不進這個圈子。就這種狀況來看，依附關係也具有「排他性」，這是彼此為了跟對方表示忠誠，才會這樣拒絕別人的加入。總之，依附關係者的世界非常狹隘。

俗話說「情人眼裡出西施」，就是把對方臉上的痘疤當成酒窩來看。而真正的親密關係是，是痘疤就是痘疤，可不會當成酒窩，但即使對方有痘疤，仍然一樣喜歡他。依附關係卻是會將痘疤當成酒窩，宛如「情人眼裡出西施」。

於是，哪天原以為的酒窩看清楚是痘疤時，就會嚴惡對方。依附的關係就像這樣，不是喜歡就是討厭。原本相互欣賞的戀人，在這樣的依附關係下，變得相互憎厭與謾罵……。

親子的依附關係受損時，也會展開糟到不行的戲碼。如受制於某個宗教團體的異議分子，或受到各種團體的私刑，這些也是依附關係受損時會上演的戲碼。

這些關係者彼此不親，純粹只是「被袒護」與「袒護」的依附關係。

常聽到由女高中生組成的小團體跟成員表示：「如果妳跟那個人來往，就不要繼續跟我們往來……」，長大的成人也會做這樣的事。這個女高中生組成的好友圈，雖然走到哪都膩在一起，卻只是依附的關係。

身處於這樣的依附關係下，這些人深信自己就是好友圈的一分子；但是這樣的觀念卻異常沉重，因為這是一個得犧牲彼此個性才能成立的關係。因為彼此都要犧牲心理層面的自我，才能成立這樣的關係，每個人下意識都會充滿無力感。

所謂的依附關係即便外表看來多親暱，說穿了，只是心理充滿無力感的一群人異常的結合。而且，彼此的內心深處，都會覺得自己無法被保護，正因為如此，只要出現丁點的不同意見，就會挑動彼此敏感的神經。

彼此異常地遵守某些規定，但出現丁點不同個性或意見，就會過度反應的原因就在於此。他們表面上看似非常團結，但因內心深處都覺得自己無法被保護，因此反而會更加在意外面的世界。在依附關係下，會非常在意外人是如何看待自己這群人。

他們持續對外人演戲，表現團結的一面，事實上，卻全然不瞭解外人的心情；邊排斥外人，邊迎合外人……。

這些依附關係者如前所述，不懂受人喜愛是怎麼回事。即使受人喜愛，他們也無法感受自己被喜愛。**情緒上成熟者，不只能享受被人喜愛的幸福，也有能力愛上跟自己有緣的人。**

情緒上成熟者，不只能享受被人喜愛的幸福，
也有能力愛上跟自己有緣的人。

就像真正愛狗的人，不會只想疼愛或飼養附有血統證明書的狗狗。會這樣想的人，應該不是真的愛狗人士吧！真正的愛狗人士，會珍惜且疼愛跟自己有緣的狗狗。

雖然有緣但屬於雜種狗，就無意飼養的這類人，稱不上是愛狗人士。當然，工作上從事寵物買賣的人另當別論；因為他們需要買賣寵物維持生計，不能受限於自然的感情，只能迎合客人的喜好，去飼養別人看得上眼、會來購買的狗狗。

但是，單純的愛狗人士，不會介意雜種狗或有無血統證明書，而是珍惜跟自己有緣的狗。而且，他們很清楚這隻狗有很多缺點，也很清楚跟一般有血統證明書的狗比起來，這隻狗毫無價值，但還是「視如己犬」的愛牠。

羽絨般溫暖而無迫

真實的愛，是以間接的方式來表達

內心溫柔體貼的人，明知有緣且彼此相知相惜的這個人有一些缺點，也不會任意拋棄對方，會尊重對方原有的樣子。

但是，在依附關係中生存者，無法善用跟這類溫柔體貼者接觸到的機會。這是因為自己雖被重視，卻未察覺自己被重視，因此根本感受不到自己被重視。

他們跟這些溫柔體貼者的關係，並非熟稔的關係。所以，即使自己被重視也被喜愛，卻無法相信這件事，因為「無感」和「沒有同理心」破壞了這樣的關係。

在依附關係下，情愛是直接被誇飾的東西，不會間接地表現出來。但是，真實的愛要用間接的方式來表達，或者是說能以間接方式表達的愛，才是真實的愛。

例如，在親子的依附關係中，父母會直接摸孩子的頭跟他說：「真是好孩子……」，這種父母能展示的部分，大概也只有這樣，他們不會拖著疲憊的身軀，還四處張羅這個孩子所祈求的東西。

很久以前我看過名為《該質疑的母愛》這本書，書中有兩個論點讓我記憶深刻。一是比起過度虛偽的母愛，對孩子來說能輕易接受的愛，才是真實的愛，另一是這裡所說的：「真實的愛，會以間接的方式表達出來。」只是書裡並未解釋，何以間接表達出來的愛才是真實的愛。會不會是因為，直接展現的愛不是真實的愛，才會認為間接表達的愛才是真實的愛？

這其實是因為父母要有理解孩子心理的能力，才有間接表達情愛的能力，而擁有理解他人心理之能力者所展現的情愛，才是真實的情愛。

在直接展現的情愛裡，未必需要擁有理解對方心理的能力。例如：父母會帶孩子去某處欣賞漂亮的景色，這是直接對孩子展示的情愛。但對這個孩子來說，或許他並不會特別想去哪裡看風景。不，與其說他不想去，或許他更想在家玩玩具，或是跟朋友一起玩遊戲。

而無視於孩子這種心情的父母，就會帶孩子「去做」這樣的事，甚至認為自己是疼愛孩子的「好父母」。

又比如說，孩子想要某個筆記本，但這個筆記本一般的文具店都找不到，而且已經停止生產了。可是，孩子就是想要這個筆記本。

這時，如果父母背地裡非常認真地去找這本筆記本，這就是間接的情愛展現。或許某地的文具店有賣……，或許問某個人就能知道哪裡有賣……等等，透過這些方式努力地找。雖然很忙，也沒忘記這件事，正是間接的情愛展現。甚至遇到朋友、同事也突然很冒昧地問對方這件事，打聽是否有別人知道何處有賣這本筆記本，父母自願花時間幫孩子找筆記本，無論最後是否真的找到這個筆記本，這就是間接的情愛展現。父母會像這樣花精神去找，一定是非常理解孩子心理有多渴望這個筆記本。

會拿一本不一樣的筆記本給孩子，試圖告訴孩子這個筆記本不是差不多嘛？或要孩子馬上忘記心目中那個筆記本的父母，是因為他們根本不想或是無法理解，孩子心裡的渴望……。

徒具光環還是真有溫度

母親真正的體貼，與自我滿足的體貼

某個高中老師他本身是棒球隊的教練，與我聊起球員的媽媽。某球員的媽媽常來看孩子練習打球，只要孩子一揮棒安打，就開心地拍手叫好，大力支持孩子。

等練習結束要離開時，還會幫孩子拿球袋。不過，這樣的媽媽會給孩子吃速食。等孩子結束練習，幫他拿球袋再一起回家，這是直接展現的情愛；反過來說，為了幫孩子製作美味的料理，在孩子看不到的地方花費時間與精神，這是間接展現的情愛。

如果媽媽不清楚孩子愛吃何種料理，就無法展現這樣的情愛。而會直接展現情愛的媽媽，孩子若不讚賞自己製作的料理，或是抱怨她所指定的餐廳菜色，就會感到很生氣。

自己沒有花心思去製作孩子讚賞的料理，卻要求孩子要表現愛吃自己製作的料理。

這個孩子運動後回家愛喝什麼飲料？愛躺在哪個地方？很清楚這些細節的媽媽，應該是會在家等待孩子打完球回家的媽媽。

會幫孩子提球袋，或給孩子吃速食的媽媽，只是強行將自己的情愛推銷給孩子。不會抗拒這種事，成天黏在一起的母子關係，等同於一種依附的關係。只要是跟孩子處於這種依附關係的媽媽，即使練習打球的孩子球帽上破了個大洞，她往往都沒有注意到……，或是認為對孩子沒有任何影響而不加以修補。

一個不是依附關係又體貼孩子的媽媽，即使沒有幫孩子提球袋一起回家，卻會隨時注意孩子的球袋或球衣，清楚孩子有哪些需求。

要辨別跟孩子是否為依附關係的一個方法，就是選禮物的方式。無論是孩子的生日，或者是他達成什麼目標的那一天，願意花精神尋找當天的生日禮物，就不是依附的關係。

所謂在依附關係下的人，因為老是跟對方黏在一起，根本不會花時間或精神去為對方找禮物，他們覺得這樣做好累，甚至於根本忘了這件事。

也就是說，身處於依附關係者，只要自己沒出現在對方的世界，就會覺得不舒服，總是習慣以最直接的方式取悅對方。

依附關係下的人們看似很親暱，但老實說彼此都不是很體貼。在這種情況下，即便一直維持著依附關係，彼此的依賴性還是沒有獲得滿足。喜歡跟別人黏在一起本身不是壞事，我已經說過好幾次，只要撒嬌的欲望得到滿足，自然就不會想這麼做了。

依附關係就像彼此向對方撒嬌，但事實上，就是孩童時期撒嬌的欲望受到壓抑，而產生的行為反應。

自己若警覺到跟某人處於依附關係，一定要想辦法脫離這樣的關係。這是因為若持續跟某人處於依附關係，那你的心靈將永遠不會獲得真正的滿足，也會阻礙自己成長。

其實，你可以這樣思考！

你跟孩子是依附關係？還是親密關係？

當給予孩子獎勵和處罰時，你是用自己設下的框框來衡量，還是基於使孩子成為更好的人這樣的心情？母親並不是都是偉大的，真正偉大的母親是真心體貼、溫柔付出，不夾雜個人虛榮，不算計未來的回報。經常用這點檢視自己的心態，使母愛變得單純，才能讓孩子感受到真正的溫暖。

親恩浩蕩下難見天日

依附的親子關係，是以父母的需求為優先考量

親子間有了依附的關係，父母當然會覺得孩子很可愛。尤其孩提時期就是任人擺布的時期，任人擺布的孩子特別讓父母感覺可愛。

這樣的時期，父母全然不去關心孩子有沒有需要什麼。例如，帶著孩子去游泳，孩子真的想學游泳嗎？還是身為父母認為孩子一定要學會游泳？孩子必須跟著教練指導員練習游很久，才能離開泳池。有些父母完全沒去注意孩子會不會冷？孩子嘴唇已經發紫了，是否今天身體狀況並不好？回家後應該要有充足的休息，然而很多孩子接下來的時間，竟然還被安排要去學習其他才藝或補習。

依附的親子關係是：父母認為孩子該學會游泳，至於孩子喜不喜歡、想不想學，都不在父母考量範圍內。若父母認為應該繼續練習，但孩子卻說不想再游了，想回家或去其他地方玩，父母就會生氣。

孩子游泳游了一段時間，是不是應該讓他吃點東西比較好？這點對於依附關係中的父母來說，通常不會去注意。

這樣的父母不會用心留意，自己肚子飽飽時孩子卻是游得很餓了，如果換作是父母下水游泳肚子餓了的話，就會跟孩子說：「我們去吃點什麼……」。父母認為孩子必須配合大人的要求，卻全然無法理解和關心孩子不一樣的想法。

有些父母則是在一旁等待的不耐煩了，就會跟孩子說：「走吧！我們要回家了。」完全沒注意或不理會孩子還想繼續游泳呢！

所謂的親子依附關係，就是孩子跟隨父母的腳步前進，父母就覺得孩子很可愛。

當孩子還小的時候，若需要依賴媽媽做些什麼，可沒有那份體貼「現在媽媽是不是很累」的心。對小孩子來說，自己的需求才迫切，而且，小孩子都需要媽媽的照顧。

在親子處於依附關係的時期，正如同小孩子需要父母一樣，父母也需要小孩子。而且，如同小孩子不能理解媽媽的心理一樣，媽媽也不理解孩子的心理。就像孩子熱衷自己的需求一樣，依附關係下的父母，也熱衷於自己所關注的需求。

麻煩的是，父母明明只熱衷於自己的事，卻誤以為自己很愛孩子。就因為只注意自己現在想不想跟孩子去游泳這個問題，對於孩子自己想不想去游，卻完全不當回事。

身處於依附關係者，完全不在意或無感於跟自己不一樣的感受或期望，心裡想的只有自己的需求。所以，跟父母依附式長大的人，無所謂自己的需求，因為他從來不被允許可以擁有自己的需求。

跟父母依附式長大的人，首先應該理解自己也可以擁有自己的需求，而且還要了解一件事，擁有自己的需求，絕不是要跟別人作對。若覺得擁有自己的需求就是要跟別人作對，那是因為自己一直都是在依附的關係下成長。

想要維持依附關係者，會用活潑而不具攻擊性的言語，來粉飾自己呆板專制的想法。所以，想好好活著的人一定要注意的，不是對方表面上的語言，而是這個人透過這些語言想達到何種訴求。

因心理障礙而不夠成熟的男性，會向戀人冀求母愛

從被人袒護到依附關係，已經探討得差不多了，接下來我想要重新探討一下所謂「受人喜愛」（被愛）的感受。

明明自己「受人喜愛」，但為何我們會感覺很不真實？就像前面所說，有心理障礙傾向的男性，就算有女性對他釋出好感，他還是沒有被愛的真實感受，反而要不斷去展示自己的重要性。

為何他希望自己受人喜愛，而且也真的受人喜愛了，卻仍無法真實感受到自己受人喜愛呢？這是因為就身為成年人來說，他並未希望自己受人喜愛，或者他心理上覺得無此必要。

聽到這樣的話，很多心理障礙傾向者可能會立刻站起來反駁吧？或者專門研究心理障礙的專家也會反對這樣的說法。有心理障礙傾向者，或許會強調自己是因為被愛才活著的人。

問題出在於人們喜愛他們的方式。這些人並不想要「以成年人的方式」被喜愛，他們的心理需求是不一樣的。他們所祈求的「受人喜愛」這件事，其實，是希望自己的「依賴性」與「撒嬌欲望」都能得到滿足。

就算成人之間的愛戀關係已經成立，他們還是覺得缺乏真實感。他們的需求，就是希望自己的撒嬌欲望獲得滿足。像是受人奉承、被人稱讚好棒、好厲害，自己能一直受到關注、自己說的話或做的事展現很大的影響力、對方沒有自己的世界，自己才是對方的世界中心，貶低別人、要對方宣示對自己的忠誠度等等。

有心理障礙傾向的男性，會希望戀人如同媽媽疼惜孩子一樣地對待自己，他們想讓自己的依賴性獲得滿足。

但是，他們心理上又覺得自己是成人了，「應該」沒有這種需要，在矛盾的內心作用下，已長大的男性即使戀愛了，還是沒有談戀愛的感覺。就言語上來看，他們也會常說「想要戀愛」或「想要被愛」，但是，這只是就語言上說說罷了。

其實有心理障礙傾向的男性，冀求的是以戀愛或友情為名的母愛。

而且，這種母愛才是他們能真實感受到的。他們的撒嬌欲望沒有獲得滿足，因為從小他們在心理上並未擁有真正成熟的母親。如果身為母親的情緒是成熟的，就能滿足孩子撒嬌的欲望，不會造成孩子長大變成心智上不成熟的大人。

跟孩子處於依附關係的媽媽，不管花多少時間跟孩子黏在一起，還是無法滿足他們的撒嬌欲望。於是，這些孩子心中殘留著撒嬌的欲望，逐漸成為社會化且外型稱頭的大人。

如同進入社會可建立各種關係一樣，這些人會有朋友也會有戀人，也會建立社會化的人際關係。

在接觸社會上各種人的期間，這些人會「受人喜愛」也會「談戀愛」，也應該會因為自己喜歡的人喜歡自己而感到幸福。但是這種「應該」幸福的人卻不幸福。

自己喜歡對方，對方也喜歡自己，但就是無法實際感受到被愛這回事。我在其他地方曾說過，隱藏依賴性的人，疑心特別重，所以，就算有人跟他說「喜歡」，他還是無法實際感受到被愛，只要他沒有實際感受到，就想找

隱藏依賴性的人，
疑心特別重，嫉妒心也很重。

到被人喜愛的證據。反過來說，只要發生一丁點小事，他就會做「是因為對方不喜歡我吧？」這樣的解釋。

依賴心重的人，不僅疑心特別重，同時嫉妒心也很重。雖說對方喜歡自己，但自己沒有實際感受到這份喜歡，故只要對方跟別人稍微親近，就會醋勁大發。

這種所謂「隱藏的依賴性」，就是當事人內心並未察覺的那份依賴感，所以，他們也無法得知自己內心深處真正想要的東西。

有心理障礙傾向的男性，最終都無法獲得成熟女性的戀情。雖說看起來是戀愛或婚姻，往往都是迫於形勢才去談的戀愛，但不久就會變調，根本毫無甜蜜和幸福感可言。

心理障礙傾向者因為無法感受到對方的好感或愛意，所以不會信任對方。而他們之所以感受不到，是因為不覺得有這必要，或者是心中還有比這些更要緊的東西。

易受男人欺騙的女性心理

有心理障礙傾向的男性，即便是性無能狀態，基於疑心病特強的緣故，還是會跟戀人求愛。就算對方跟他的關係穩固，是屬於他的人，他還是無法感受到。

雖說去掉了性愛，戀愛關係依然存在，但因為他無法感受到，所以仍然會想透過性愛建立穩固的戀愛關係。可是，他本質上需要的是依賴性獲得滿足，所以，即便做愛了，心裡還是無法實際感受到這種戀愛關係，也無法因此安心。

心理障礙傾向者能實際感受與對方關係的時候，就是內心的依賴性獲得滿足的時候。所以，雖然他們很難感受到別人的好感，卻會把奉承的話當真，因為這才是他們需要和在意的。

我想，那些所謂容易被男性欺騙的女性，應該也具有心理障礙的傾向吧？也就是說，雖然自己沒有察覺，但在她們的本質裡，依然殘留著強烈的依賴性。

所以，即便有成熟的男性對她表示好感，她卻感受不到，或者因疑心病過重，不斷嚴苛要求對方展現誠意。有人展現了真誠的好感，她感受不到，但卻被心術不正的男性用甜言蜜語迷得團團轉。對於成熟男性的好感說什麼也不信，卻對花心男的奉承話篤信不疑。

這正是因為這些女性心裡想要的東西，不是身為成年人的愛戀或好感，而是這類的奉承話語，所以，她很容易就相信了。

這樣的女性，其實內心仍有自己沒察覺的依賴性，心裡的撒嬌欲望未獲得滿足，持續被壓抑著，無論她是二十歲、三十歲或四十歲。

如前所述，很多女性都想用「無法招架他的男性魅力」這樣的理由，去解釋何以她們會如此選擇交往的對象。雖說有時情況真的是這樣，但幾乎關鍵的選擇原因都跟「男性魅力」無關，而是女性自己沒有察覺到，自己內心存在著依賴性的問題。

內心隱藏著依賴性的女性，會甩開具有誠意且對她有好感的男性，去相

信那些其實沒有魅力、個性怯懦的男性，最後只是被玩弄且被拋棄。

這時她們才會說：「我被騙了！」的確是「被騙了!!」而且是自己自願跳進陷阱裡的。

可是，在那段戀情的當下，她們內心需求的，卻只是這樣的謊言與甜言蜜語。

對於奉承的話篤信不疑，對於甜言蜜語深深陶醉的這些女性，也就是所謂具有隱藏依賴性的心理障礙傾向者，她們會被花心男的各種討好招數迷得團團轉，是因為在內心深處，她們冀求的正是這樣的語言。換句話說，這些女性是被心中的撒嬌欲望所操控而活著。

要相信誰？或能實際感受跟誰之間的關係？全都取決於當事者心理的成長和成熟度。在受騙上當而發怒以前，請先察覺自己內心的幼稚面。就從這裡重新出發吧！

其實，你可以這樣思考！

總是遇人不淑，歸罪於自己的愛情命盤裡都是爛桃花嗎？

沒有人欺騙你的感情，是你欺騙了自己而感到羞憤，或是發現了真相卻不肯離去，才造成自己的受傷。如果真正發自內心愛著對方，而並非目的性的「依賴」對方的形象、地位或財富，這樣無論最終是否在一起，都不會因為欲求落空而怨恨對方。請觀察自己的感受，有所怨恨的男女關係，是依賴，不是愛情。

第6章

自然的情感，可以喚醒真實的你

出生卻未出席的真我

為何會壓抑自然的欲望？

對人來說，最可悲的是失去流露自然情感的能力，但從小在父母操控下，壓抑著自我情感長大的人，似乎怎麼也看不見自己已喪失了自然情感流露的能力。

首先，是自己不會對身邊的人抱持自然的情感，也不會流露真實的情緒，莫名的包裝自己，壓抑住對別人抱持真實情感的想法，甚至裝作自己並不喜歡對方。

自己無法自然表現出喜歡或討厭某件事，無法順應內心的情感，總是先考慮「可以」或「不可以」有某些感覺，這意味著，自己已喪失了主導自己心智的能力。

這些人的世界裡，只有「應該」喜歡或「應該」討厭的事。換句話說，自己不會自然覺得某件事很有趣，只有「應該」是有趣的，或「應該」是無聊的。

有些事物若按照真實的情感流露，應該會覺得很無聊，但因為此時「應該」覺得有趣，於是這些人就「覺得」「有趣」。連感覺都無法自然表達，或是不敢自然的去感受，如果從小就是如此過日子，未來人生真是令人擔憂。

這樣的孩子毫無自然感受的能力，若某些情況按照自然的情感流露，應該會覺得有趣，但因為此種情況或道德規範下「應該」覺得無聊、不恰當，他們就會告訴自己「應該覺得」無聊、不恰當。這通常都是因為受到操控欲強又執著的父母所影響，父母常常會因為自己覺得這邊很無聊，就跟孩子說要去另一邊，他們會跟孩子說，去那邊「比較好玩」。

對大人來說不足為道又無聊的事，其實對孩子來說常常是有趣的事，孩子可不會贊同父母的說法，這時，「我執」觀念重的父母就會生氣，而且，會阻止孩子流露自然的情感，「糾正」他們想表達的情緒。他們扼殺了孩子自然的情感，不斷創造孩子「應該」有的情感。

我執觀念重的父母，塑造一個孩子「應該」是什麼樣子的框框，如果孩子無法放進這樣的框框裡，他們就會生氣。

對失去父母保護就無法存活的孩子來說，一定得將自己塞進這個父母塑造的框框裡，按照這個扭曲的框框，重新調整真實的自己。

在水如此骯髒的地方抓魚，感覺很噁心——這是因為「應該」覺得噁心，父母想去水質更乾淨清澈的地方，比較不用擔心孩子的衣服會弄髒，自己回家也不用費心的清理善後，因此，父母認為換地點玩「應該」比較恰當，而且還要孩子拚命去感覺「好有趣」！

無論是「應該好有趣」或「應該好無聊」，這麼做都是在扼殺自然的情感，拚命去創造虛構的情感。這只是以「有趣」為名的「無聊」情感罷了。可是，情感受到壓抑的人意識不到這一點。孩子被禁止擁有可以感受到的感覺，一定要按照我執觀念重的父母所期待的一樣去感覺。

看看周遭的幼兒就知道，他們會把自己的感受強迫別人接受。

「媽媽你看……這很棒耶！」「媽媽你看……這超級好玩！我要買它！」孩子硬將某種感受強迫對自己非常重要的人接受。萬一這時大人對此表示反對的意見，他就會開始鬧脾氣和撒野……。

而骨子裡依賴性強的父母，殘留著幼稚性格的父母，其實也是一樣的，甚至比小孩子還難纏──這是因為他們會把自己的幼稚性格，以道德或規範為名而合理化的緣故。

當孩子未如自己的期待去感受、去行動時，許多父母不是也像小孩子一樣「撒野」嗎？只是父母會挾著「道德」的名義責備孩子：「為何你要這樣……」。

其實，你可以這樣思考！

你是我執觀念重的父母嗎？

常感覺孩子不聽話、翅膀硬了、沒把你擺在眼裡？你像個孩子一樣不講道理的生氣了，孩子感受到壓力，而壓抑自我要裝懂事？這真是雙輸的局面。請練習以獨立者的角度，尊重孩子撒嬌或是偶爾的撒野，允許孩子紓發情緒，讓孩子完成自我感覺的過程，然後協助他們整理心情和明辨是非。如果你真的是一位內心成熟的大人，這整個過程，應該不會使你不耐煩或想要動怒。

自卑與虛榮的矛盾交戰

以「滿足」為名的壓力

某家人獲得有名望的友人邀約，由於父母本身有自卑感，獲得這了不起家族的邀約像是一種抬舉和肯定，所以這家父母親開心得簡直要跳起來。但是，這對孩子來說，這種事情既不光彩也不值得開心。

因為到那戶有名望的人家裡，只會被要求「不可以這樣」、「不可以那樣」，或者是「不能發出噪音」、「不可以在裡面跑來跑去」、「不能隨意觸碰擺設的東西」等等規矩，怎麼開心得起來，只覺得好有壓力……。

但是，自卑感強的父母，卻很不滿孩子這種時候感到不開心。若孩子不跟他們一起感到很光彩，父母就會很不高興，接下來還會責備孩子：「有這天大的好事，你卻這種態度……」。

我執觀念重的父母絕對沒有發現，「這天大的好事」其實是對自己，對孩子來說「這天大的好事」根本不值得一提。不，與其說是沒有發現，倒不如說是無法想像、無法理解孩子的想法。

父母認為若不將此事視為「好事」，那孩子還真是差勁、有問題。而且，別人給我們「這麼好的事」，「應該要」感到開心、感謝、滿足。

所以，他們認為「這麼好的事，接下來多少忍一忍吧！」他們絕對無法想像，受到這樣龐大的約束和壓力，孩子多少耍點脾氣也是無可厚非的事。而且占有欲強的父母會跟孩子說：「滿足了吧！」「很開心吧！」和「你應該要覺得很光彩」。

於是，過度適應的「好孩子」果真「很滿足」，但這個孩子體驗到的是以「滿足」為名的壓力。

被這種情緒不夠成熟的父母所養大的孩子，有著看不到自己自然情感的危機。若是看不到自己自然真實的情感，過不久對於「活著」這件事，也會感到索然無味。當然，一開始他會努力去感受父母所說的話，但這種努力終究有其限制。

對各類的事「應該如何感受」成為一種教條，就算孩子很努力去感受，一旦卸下緊繃感，心裡馬上就會感到索然無味。

若每件事都有「應該如何感受」的規範，那自己想去「感受意義」的努力，在漫漫一生中將失去意義和動機；身為人這種有意識的能力，經過打壓一段時間後，就算自己想去感受，也會力氣用盡……。

在未經自然感受以前，就「事先備妥」的意義，大致上是個「謊言」。那只不過是懷抱強烈自卑感的父母，為解決內心糾葛，所創造出來的防衛心態。而強迫孩子應該對這種事情感受到正面意義的人，正是我執觀念太重的父母。

有些父母對於某些事，也會事先斷定這是無意義的事，而阻止孩子去感受其正面的價值。

有些孩子沒有嘗試的勇氣，就會認定事實像父母所說，有「無意義」這回事。所謂的「無意義」，正是讓自己的膽小怯懦合理化的產物。

膽小怯懦的父母，希望孩子覺得某些事「無意義」，但為了將自己的膽怯合理化，會用很多「理由」說服孩子，其實是將這種感受強行推給孩子。

在孩子的心裡，或許原本「想要試試看」去感受做這件事的意義。但是，過度順從的「好孩子」，卻會壓抑這種「想要試試看」的情感，而且努力去感受父母說的這種「無意義」。

對我執觀念重的父母過度適應的「好孩子」，要用莫大的力氣，才能掩飾和壓抑自己內心真正的想法。所以大家常說「好孩子比較容易累」，就是這個緣故。同樣地，若說認真的大人比較容易累，那是因為他們也要花許多力氣掩飾真實的自己。

被情緒不夠成熟的父母養大的孩子，
看不到自己自然的情感。
過不久，對於活著這件事，
也會感到索然無味。

無感是消極的自我防衛

能感覺到「痛苦」的人是有救的

若能自由流露自然的情感，日子就不會覺得那麼累，但若扼殺或壓抑自然的情感，盡做些反事或說些反話，當然就會覺得活得很累。

設定好的意識型態，是制約自然情感流露的殺手。而隨著事先於心中塑造好的框架式答案去「感受」生活事物，是很令人擔憂的事。

像是晴天是好的，或者雨天就是壞天氣這種刻版印象。其實，晴天本身不好也不壞，只是單純的晴天；陰天也只是陰天，雨天就是雨天。

無法自然思考和感覺的人，會產生一些既定的感覺，一碰到下雨天，心情就不好。亦即，下雨的時候，並不是先用心去感受雨天，而是隨著早已認定「心情不好」這種心態去「感受」下雨天。

而且，他們相信「壞的感覺」是危險的，是應該被否定和排除的。

在感受到痛苦或開心以前，「不能感受痛苦」的規範意識就已經啟動了，即便內心深處覺得痛苦，「不應該覺得痛苦」的規範意識就會立即啟動，以去除這種痛苦感。

因為這種人認定，如果對這種事感到痛苦的話，以後就活不下去了，所以要告訴自己：「其實這件事不痛苦。」但實際上，內心裡面還是痛苦，自己潛在其實感受得到痛苦，不管花多少精力告訴自己應該不會痛苦，但心裡還是嘶吼著「痛苦……痛苦……」。

他們害怕感受痛苦。這是因為他們擔心自己不能去感受自己能實際感受的東西……。

為何他們會害怕？因為自己的存在遭到否定。意識到自己的存在，卻要遵循別人的指令來感受事物，如同自己不存在的感覺。

小時候對自己非常重要的人，命令自己要有這樣的感覺。如果沒有這樣感覺就是背叛對方，對自己來說，結果等同於死亡般恐懼。

而所謂小時候對自己非常重要的人，是指不受此人的保護，就無法存活的養育者，像是父母。所以，他們害怕背叛這些人的命令。

因此，若這些人命令自己不能感到痛苦，那就不可以意識到痛苦。雖說

「不可以」意識到痛苦，但其實心裡感到痛苦的事，還是不會因此消失。

你無法違背對方的期待。但是，自己真實存在的感受，並不符合對方的期待，反倒是跟對方期待的完全相反。

於是，你會有罪惡感。情愛欲望無法獲得滿足的憂鬱症患者，也是常苦於內心的罪惡感。他們被禁止有所感覺，但是，人類若不能有所感覺，那活著毫無意義和樂趣。

「創造」自己的感覺，用意志力驅趕自己真實的感受，對這些人來說，「真實的感受」是不被允許的。因此，他們活得不像人，也為自己必須繼續這樣活著而感到痛苦。

他們靠意志力，創造「被允許」的感覺與「被期待」的感覺。雖然，痛苦是一種自然的感覺，但自己卻刻意創造出不痛苦的感覺，這樣心裡也比較不會害怕。

我們常說某人看起來很不自然真實，意味著某人受恐懼的情感所操控。對某人來說，自然的表現是行不通的——他的內心有所恐懼，因為只要有真實的感覺，自己的存在就會被別人抹滅、被否定。

小時候不受此人保護就無法存活，意味著這個人掌握了你的生殺大權。其實，是否真的掌握生殺大權是一回事，但孩子的心裡真的這麼認為。

會從精神層面扼殺孩子的父母何其多，但從生理層面扼殺孩子的父母則是少數。不過，面對會從精神層面扼殺孩子的父母，孩子的恐懼卻也會出現在生理層面。所謂的恐懼，就是擔心被扼殺的恐懼，所以，這樣的恐懼感已經凌駕其他的感覺。

對於痛苦的事會覺得痛苦，這種正常環境下長大的孩子是幸福的。無論工作多痛苦，被容許可以感受痛苦的人是有救的。沒有救的，是那些雖然心裡發出痛苦的悲鳴，但仍必須覺得「不痛苦」或「很棒」的人。這種人的生命力逐漸消失，不久就會陷於無感的狀態。

「無感」是自我防禦的展現，是已經不用這種方式就活不下去的徵兆。

如同無趣的事當作有趣一樣，這是自己強行活下來的依靠。在這個世界上還是有很多人，雖然無法忍受無趣或無聊，但數年來或數十年來，都得一直告訴自己：必須這樣過活才是「對的」。他們不相信天底下有那種可以過得不無聊、很有趣的好事。

其實，你可以這樣思考！

常會莫名恐慌、害怕？對於生活毫無想法胡亂的度日？

被操控欲強的權威父母養大的人，從小習於聽命指揮，缺乏自我感，成長後一旦離開控制者，以及失去控制對象的操控者本身，彼此雙方都會失去生活重心。

所以請養成「自己對自己發號司令」的心智習慣，去做自己喜歡的事，或飼養寵物，讓自己成為主動照顧者、適度參與慈善服務，都有助於建立自己真實存在的感覺。

就算寂寞也要允許自己去感受

死氣沉沉，是人生最危險的徵兆

無聊時，容許自己感覺無聊的人是有救的。但是，對於有些人來說，感覺無聊這件事若違背了自己心中的「重要者」的期待，他們就不能感覺無聊。他們害怕感覺無聊，害怕到宛如會被殺掉。

而且，雖然害怕到宛如會被殺掉，但還是被禁止出現這種恐懼感，被禁止擁有所有基本的感覺。雖然如此害怕，宛如天會塌下來似的，他們仍一定得認為對方是和善慈愛的，並沒有給他們壓力。

事實上，他們覺得生活無聊到無法忍受，很無趣也很沒意義。但在害怕的驅使下，他們不能出現這種感覺，而且，要裝作生活很快樂。

他們的恐懼感受到壓抑，而且必須把害怕的人當作和善慈愛的人。這麼扭曲的情感，過日子必然辛苦。

其實無論承不承認，人終究是有自知感的，若「實際感受到的」和「刻意去感受到的」相反的話，內心鐵定會產生矛盾、掙扎。

這些人常有脅迫感，而且會在某處給別人脅迫感。所以，就算他說的頭頭是道，大家還是無法跟他一起行動。

人在自己重視的人面前，為扮演好被期待的角色，會犧牲掉原有的真實面貌。而且，即使是生理或經濟層面，不受此人保護也能活下去的時候，還是會像這樣持續扮演「被人喜愛的自我」。

為何？因為在心理層面，若沒有此人的支持和喜愛，會覺得活不下去！會持續扮演「被愛很棒」的人，並非只有感覺不到害怕的這種障礙，他也感受不到寂寞。一定得符合別人期待去感受的人，心裡其實寂寞到不行。

不容許孩子有自己感受和感覺的父母，無法理解孩子，既不愛孩子，也無法和孩子的心交流。孩子若無法與任何人的心交流，就會寂寞，心裡發出寂寞的悲鳴。宛如身體很不舒服、渾身彷如充滿病痛……。

但是，「感覺到寂寞」這件事有違父母的期待，所以，還要嚴禁自己感覺寂寞。而且，要按照父母期待的去感覺。要怎麼感覺呢？就是感覺「再也沒有如此溫暖的家庭」、「如此慈愛的父母」。

不管心裡多寂寞，若能被允許感覺寂寞，即使是悲劇也能活下去。即使那是一場悲劇，也有悲劇式的解救法。可是，雖覺得寂寞，但不被允許感覺寂寞的人，是沒救的。

面對沒救的人生，當然最終也會變得不再關心自己的人生。對一切事物不感興趣，只是覺得「又懶又倦」，最後連恐懼也撼動不了那個人。力氣消耗殆盡，唯一的感覺就只剩「又懶又倦」。

為了檢驗自己有沒有這種問題，請試著以「真實的感覺」來感覺，試試看這樣是否就活不下去？想看看自己對事物多麼不感興趣？每天什麼都不做的話，究竟會多麼「又懶又倦」？

如果自己真實的情感是開心、悲傷、有趣、無聊、喜悅或寂寞，卻都不會有所行動，只會被恐懼牽著走的人，也有力氣用盡的時候。

當力氣用盡，這時連恐懼都動不了這個人，已經到了連恐懼都感受不到這般的心力交瘁。只能在死氣沉沉、又懶又倦，只有生理層面還活著般地存活，那就是最後的結果。

雖然寂寞，卻不被允許感覺寂寞的人是沒救的。
面對沒救的人生，最終也不會關心自己的人生。

請捨棄自己「了不起」或「受人喜愛」的形象吧

在這之前，你一定要知道：自己會因為什麼而行動，而且感覺真實的活著。在陷入「憂鬱」狀態以前，請好好了解你自己。

雖然心裡面很害怕那個人，但你是否下意識覺得他是個慈善的人？是誰會處罰你？你心裡面害怕的那個人，就是會處罰你的人。在這種處罰的體驗下，你認識了「恐懼」。心裡想再也不要像這樣被處罰了……，所以，你開始持續操作著某一種生活方式，使自己免於被處罰的命運。

操控欲與占有欲強的父母，常給孩子這種無法復原的傷害。這種父母會對身心都無法如己所願行動的孩子，給予這樣的處罰。

對我執觀念重的父母來說，這個世界上沒有所謂非常乖的孩子。儘管如此，很多孩子還是努力想成為父母心中很乖的孩子。

我執觀念重的父母，一直都對孩子感到失望、不開心。我執觀念重的父母，認為「世界上沒有不會讓父母失望的孩子。」

儘管如此，你因為父母的失望，晚上躺在床上，認為自己是個最壞的孩子。你肯定了我執的父母，否定了真實的自己。

這時你把該給父母的怒氣轉向自己，而且繼續在父母面前扮演「了不起的孩子」。其實，這時應該被否定的是父母的操控性。

從現在開始還來得及。只要自己確認不用再做如此「了不起的人」就可以。你之所以緊緊抓著這個讓自己很了不起的形象，是因為自己無法活在真實的情感裡。

你很重視這個「了不起的人」這種個人形象，說不定比自己的命還重視。所以，要你捨棄如此重視的個人形象，說不定比死還難。

但是，現在的你想要甦醒過來，所以，請務必先捨棄如此重視的個人形象。說「重視」感覺很好聽，但說「緊緊抓著」還比較貼切。而且還是緊緊抓著到死不放……。

所以，請捨棄那個到目前為止，緊緊抓著不放的個人形象吧！雖然這樣會讓人感到不安……。

你可能一直都沒有感受過那個「脆弱的自己」？

這是個關鍵時刻。的確，了不起的人、優秀的人、能被愛的人這類的個人形象很重要。但除了這些形象以外，「脆弱的自己」、「優柔寡斷的自己」「缺乏果斷力的自己」、「無法被信賴的自己」或「無力可施的自己」，也都是對自己應該會有的感覺。

所以，你一定得捨棄「優秀的自我」這種個人的形象，這不是要你去否定了不起或優秀這種事。我想說的是，你想緊緊抓著的「了不起的自己」「優秀的自己」並非真實的全貌，會讓你扭曲的活著而迷失自己。

所以，**現在就停止想緊緊抓著所謂的「了不起的自己」這種形象，而捨棄這件事，絕不會讓你變成壞人。你一樣可以成為力量強大的自己、具有果斷力的自己、值得信賴的自己、有能力去愛的自己、有行動力的自己、可接受挑戰的自己，或充滿自信的自己。**

正確的說，過去正因為無法信賴自己，才要扮演別人指定的「了不起的人」，在他人的期待下以這種姿態活下去。你想緊緊抓著的了不起的自己這種形象，反過來說，只是迎合他人，扭曲了自己而已。

如果一直在貫徹別人眼中了不起的自己這種觀念，那「了不起」這件事，將會凌駕生存這件事的意義。

充其量，這只是利用「了不起的自己」的形象，合理化脆弱的自己，所以，才會如此難以割捨。

你想緊緊抓著的「了不起的自己」
或「優秀的自己」並不真實。

第7章

一切就從珍惜自己開始

離開父母獨立的意義

當我們能解放對父母壓抑的情感時，往往認為，這樣就已經脫離父母的掌控了。例如，若能有意識的對父母產生憎恨，就會以為心理上已經對父母斷奶了。

但事實絕非如此。當自己對他人的態度、自己對他人的感覺、自己對自己的感覺等等可以開始改變，這才能說心理上已經斷奶了吧？如此一來，才可說是開始成就真正的自己。

對於孕育於良性親子關係的人來說，所謂心理上的斷奶應該很簡單。但是對親子關係屬於「依附關係」的人來說，即使心理上想要斷奶，還是經常被這層關係所操控。

例如，恐懼不被父母喜愛的意識無法跳脫、自己的依賴性尚未消失等等。的確，發掘下意識對父母的真實情感，對心理上的斷奶來說，比任何事都重要。

但是，若因為意識到這點，就認為自己已經獲得了自主性，那就大錯特錯。雖然意識到這件事非常重要，但想培養自主性，還得花上很多功夫。

若無法意識到真實的情感，就無法克服依賴性。若缺乏這樣的意識，那即便自己是依賴的，也會認為這是深愛的表現，無法真正改變自己。

只要有意識，認為自己能獨立，就可以改變自己的依賴心。但這個世界上，很多人離開父母獨立了，卻轉而開始依賴自己的另一半。結果只是親子關係改變了，其他的部分並沒有改變！

緊接著一定要思考的是，父母所無法滿足的情愛欲望，要如何讓自己滿足呢？如此一來，也該認真思考，自己該和怎樣的人來往？

以我為例，我希望和小時候有健康親子關係的人來往。首要條件是不需要討好對方。我跟父親相處時一直很緊張，因為我必須特別去討好他……。

我必須一直對爸爸察言觀色，說話時要擔心這樣說他會不會不開心？應該避開這個話題吧？一直討好爸爸讓我感到很疲憊。若是還要跟「不管哪件事也都要討好她」的對象交往，人生根本就快樂不起來。

等我長大了，跟爸爸以外的人相處，也不由得想要討好對方。所以，我覺得和別人相處很累，自己一個人反而比較輕鬆。原因就在於，幼年的親子關係出了問題。

不過，因為我自覺到這個問題，發現過去的心態和作法，實在是做錯了。因為很多有機會跟我相處的人，根本就是不需要我去討好的人。反過來說，其中有些人可能還會因為我這種態度，而覺得不舒服不自在呢！

如何積極培養純真的情感

簡單地說，從小我就是爸爸心理上的「照顧者」，要怎麼說話爸爸才會開心？每天彷彿只為這種事活著。

我在爸爸心中是小孩，在我心中有部分的自己則像父母，這兩個角色持續穿插扮演。這種角色顛倒的現象，在日本社會經常可見。所謂父母會跟孩子「撒嬌」這種事，在日本的社會絕非罕事。當然美國也是如此，我在美國參加相關的研究活動時，也常發現這種問題。

在孩子的心裡面，也有想照顧別人的因子。例如，五歲的孩子會想用五歲的能力去照顧三歲的弟弟，只要兩人一起洗澡，就會幫他洗。如果把這個當作孩子心中的「父母因子」，那它會跟大人心中的「孩子因子」互相交流，這就是角色顛倒。

以我自己為例，我不是隨性或自發的想去照顧別人，而是長期「被迫」

去照顧別人。所以長期下來，只要跟別人在一起，我就會想去照顧對方。

其實，在我的內心深處，反而有「想被照顧」的欲望——至少我覺得自己已經厭倦這種一直照顧別人的人際相處方式。

所以，我漸漸會跟不需要照顧的人來往。但是，過去當我必須「照顧」爸爸心理情緒的時候，卻未察覺自己內心的幼稚性格。未被照顧的我內心深處，其實貪婪地渴望能夠被照顧。換句話說，我在一直專注於討好爸爸的心理感受之中逐漸長大後，才發現「自己心中的孩子」並未獲得滿足，而且就這樣殘留在心裡。

未能察覺內心幼稚性格的人，或者是故意忽視自己這種幼稚性格的人，會選擇周遭的弱者，間接滿足自己這方面的需求。這時被選到的人，就成了犧牲者。

或許你很難想像，在社會上很活躍的人，有時會跟五歲的男孩一樣，出現欲求不滿的情緒，但實際上真的是這樣。因為自己的生理已經三十歲，就認定自己的心理也會是三十歲——這就大錯特錯了。自己覺得身心都很健全的人，當心中的幼稚性格未獲滿足時，不知不覺就會開始找理由，但那都是藉口。

人際關係裡令人困擾的，是「以愛為名」的幼稚性格、「以道德為名」的幼稚性格、「以正義為名」的幼稚性格。

自己未在人前展露的心中幼稚性格，實際上存在著，卻硬是說沒有——這跟心病有關。承認自己有某種特質，其實才能保護自己的心理健康，也是真正成熟的大人該有的擔當。

在我們的內心深處，從內在化的父母，到未被消化掉的幼兒性等，應有盡有。重要的是，要去發現這樣的自己，從這裡面努力去培育真實的自己。

如果不能發現自己內心的各種狀態，就無法孕育積極的情感。像信賴、慈善、熱情、喜悅、魅力等各種人生的良善特質，會在忽視真實自己的同時，消失的無影無蹤。

於是，取代的是心裡面充滿恐懼、無力感、敵意、嫉妒、困惑等等負面的情緒。藉由跟別人的關係來否定真實的自己，不管對自己或別人都是扣分。在這樣的人際關係下，到最後，雙方可能都得不到半點喜悅吧？

請在夜深人靜時問問自己：「對我來說什麼才是真的？」

其實，你可以這樣思考！

雖然是大人了，內心還存有幼稚的性格嗎？

如果別人常說你「藉口理由一大堆」，或是你發現自己會假借「愛」「關心」「道德」「正義」等冠冕堂皇的說詞，去駕馭別人的思想，那是的，你具有幼稚的性格。請練習向親近的人打開心房，多撒撒嬌，說說祕密和真心話，對於認識真實的自己，促進心靈健康有極大的幫助。

別人就只是別人，並不具有傷害你的能力

有些人隨時都在注意：別人對於我所說的話有何反應？例如，對方有沒有因此壞了心情？別人的那種回應是在責怪我嗎？或我那時所說的話，會讓對方覺得我是在討厭他嗎？隨時隨地，都很介意自己對別人造成的感覺。

即使對方早已忘了你說過的話，自己卻是一直掛在心上──這種人其實「我執」的觀念很重，完全只在乎自己的感受，簡單來說，就是不懂得體貼別人。

如果他真能有些許體貼對方的心情和能力，應該就會察覺，其實對方已經忘了他說過的話。一直注意著對方是不是覺得自己不夠好，表示完全沒有心思放在對方身上。

正因為缺乏了解對方的能力，才會一直這樣做吧？所以，我執觀念重的人無法了解對方早就忘了自己說過的話，現在正跟別人愉快交談著，或專注

於自己的工作等的這類狀況。

這些人也不懂別人的笑容有何涵義。越是我執觀念重的人，越會誤解別人。越是對別人防衛心重的人，也越沒有能力了解別人。這意味著有防衛心的人，雖然別人對他百般示好，事實上，他還是無法掌握別人的心。

因為常常思考要如何保護自己，而感覺很不安，防衛心就會加重。會認定別人對自己具有威脅性，無非是自己防衛心的緣故。

如果能夠體貼別人，就會了解：別人並不會那麼容易傷害自己，別人並不是那麼想要傷害你。別人就只是別人。對別人敞開心房，就能理解這種事。

別人並不具有傷害你的能力，別人就只是別人——若能感受到這種事，不就意味著自己獨立了嗎？

而認為別人一定具有傷害你的能力，表示你心理上對別人心存依賴。就算別人對你釋出善意，只要心理上仍依賴對方，就會覺得別人對你仍具有威脅性。

所以，唯有自己的心理不再去依賴對方，才能確實感受到別人的善意。

因為當自己的心理依賴對方時，就會以想跟別人撒嬌的方式跟人相處，但卻感受不到別人的善意。所謂的「撒嬌」，就是一種需求。若能感受到別人的善意，就不會再有撒嬌的需求，且能感受到：別人是基於自發性對你釋出善意。

別人的善意，並不能因為你有需求而去強求。唯有感受到別人是發自內心，而不是刻意討好你才釋出善意，才能真正體會並享受別人的善意。

而具有憂鬱症傾向者，會對別人的善意心生畏怯。這些人怎樣也無法全心沉浸於別人的善意裡，這意味著，他們的內心充滿著依賴性。

有憂鬱症傾向者也無法了解，別人對自己釋出善意時是開心的，自己絕不會成為別人心中的負擔。但是接下來，他反而會以若無其事、自以為是的言行，成為別人心中的負擔。問題關鍵就在於——憂鬱症傾向者完全無法了解別人，心裡所想的除了自己……還是自己。

一般人長大成人，有能力可以了解別人時，通常能輕鬆地與人相處。如果在社會上已算大人，但仍無法了解別人的話，依然是無法輕鬆地與人相處的。對他們來說，與人相處是沉重的壓力。而事實上，這種心存依賴性的人，

唯有心理上不會有依賴，
才能感受到別人的善意。

也會對別人帶來困擾和負擔。若無法感受到別人的善意，自然也無法了解自己會對別人帶來困擾。

唯有自己不再依賴別人，跟別人相處時，才會覺得宛如獨處時一般輕鬆。這時當然也會覺得，別人不再對自己具有任何威脅性。

生性害羞的人也是一樣。因無法感受到別人的善意，所以才會覺得自己可能不夠好，覺得心裡很不好意思。我想所謂人類心理上的成長，對某些人來說，真的有其困難度。這是因為心理上的成長，需要有別人的善意，但這些需要善意的人，卻很難感受到別人的善意，或認為自己不應該開心的直接去接受。

反過來說，那些心理上已經成長的人，就能感受到別人的善意。而且，對某些人來說也許是非常困難的心理成長，對某些人來說卻是輕輕鬆鬆，做來毫不費功夫呢！

其實，你可以這樣思考！

覺得身邊的人都會傷害你、拒絕你嗎？

不要只顧自憐，通常是你太依賴對方了，才會有所謂的「失落感」。對別人期望太多，卻得不到你想要的，這時候就會覺得心情不好。請多觀察身邊的人，其實他們忙於自己的生活，並沒空閒或義務去滿足你的欲望，當然，也不會花時間刻意去傷害你。請放下自己對別人的依賴心和抱怨吧。

活化心靈仰賴人際交流

不要害怕與人相處

在成長過程中，我算是非常辛苦的。在我的成長過程中，我一直跟自己這樣對話——這個世界上有很多情緒成熟的人。這個世界上有很多對別人釋出善意，自己也會感到開心的人。這個世界上有很多很棒的人。

相較之下，很不幸自己現在並不是這種很棒的人。自己現在還是個非常依賴的人，覺得別人對自己有威脅性。可是，心理上逐漸成長的其他人，不會有我這樣的感覺。

這對我來說是非常重要的事。心理上已經成長的人，不會有我這樣的感覺，換句話說，心理上已經成長的人，能輕鬆自在與人相處，他們不會討厭與別人相處，反而會感到很開心。

而十足被爸爸以恩人之姿養大的我，常常覺得自己對他人來說只是負擔。認為自己不應該被愛，認為自己只是別人的麻煩。我對自己存在的感覺是——別人應該不會想跟我相處，不管誰跟我相處都不會感到開心。

我在小時候就認定，自己對別人只是負擔。想改變這根深蒂固的觀念，可不是嘴巴說說那麼簡單。一旦認定自己對別人只是負擔，那自己跟別人相處時就開心不起來了。一旦認定自己根本開心不起來，又怎麼會喜歡待在那裡與人相處呢？

若覺得自己是對方的負擔，自己就不會想再跟他相處，甚至是討厭跟他相處。並不是討厭對方，而是跟他相處會讓自己感到自責、覺得心情好沉重。

即使等我長大了，還是無法打從心底喜歡與人相處或往來；但是，如前所述，我都會跟自己這樣對話。

有些人很享受與人相處的過程。對於相處這件事，有些人並不會有像我這樣的想法。即使自己感到很沉重，想要離開這個人，但對方其實並不會覺得跟我相處很沉重——我都跟自己這樣說。

我真的是拚了命的提醒自己，要常跟自己這樣說——雖然對自己來說對方是個威脅，跟對方相處很有威脅感，但是，實際上，對方並不會對我產生不好的想法，對方並沒有在威脅我。個性獨立的對方，並不會和具有依賴性的我有同樣的感受。

若因為覺得跟別人相處很沉重，就想要閃躲別人，那不管年紀長到多大，都無法感受別人的善意。那些心理上已經成長的人，不會像有依賴性的我產生這樣的感受，當然，也不用持續跟自己內心對話，且擔心不安的閃躲別人。若用不著閃躲別人，自然會有感受別人善意的機會。

當我去到外國，想閃躲別人的心態比在日本還強烈。有一個原因可能是語言、文化或氛圍等不同的緣故吧？我在小時候就自己認定──自己是別人負擔，這種感受一到外國，感覺比在日本還強烈。

透過國外的生活經驗，我才了解這樣的感受方式極端不合理。這時我才了解，這種感受方式在我懵懂無知的小時候，不過是自己認定的結果。儘管如此，自己的感覺，可不會像腦子裡想的一樣馬上就有改變。

在國外的大學，就學生來說，上課或參加研究小組是必要的事，但我自己卻很擔心會不會成為小組的負擔？我憑著小時候自我認定的感受，再次認定自己會成為別人的負擔……。

所以，當這時有同學跟我說，因為有我的緣故，這個小組變得更優秀——我真的大吃一驚。當然也懷疑自己是不是聽錯了。

因為我毫無理由或依據地打從心底認定，就算別人開啟了我的世界或視野，我也不會有能力去開啟別人的世界或視野。

所以，當我以外國人的身分參加這個研究小組，在小組的言論被認為頗吸引人時，我感覺好困惑。我到現在都還清楚地記得，那個跟我說「你對小組很有貢獻」的朋友。

而且，那個朋友還送我卡帶，作為我對研究小組有所貢獻的紀念，還幫我閱讀的那本書也錄了音。之後我還有好幾次相同的經驗。

對這個小組來說，我自己不是負擔，而是重要的貢獻者——這種事若在我更年輕的時候，我是怎麼都不會相信的！

勇於享受幸福降臨

成為一個樂於接受他人好感的人

我們小時候，總是「沒來由」地對自己下了某種評論。從孩子的角度來看，那是有所依據的評論，但站在大人的角度，那是不夠客觀的依據。小時候自己獨斷認定的事情如果錯了，即便長大知道那是錯的，當事人還是會被自己小時候認定的事所操控。

只要認定的事是由自己認定的，那能讓自己從此解放的人，還是自己。不，應該是說，除了自己以外，沒有人有辦法幫得上忙。如果是自己小時候在訊息不足的情況下，自行認定自己是不被愛的人，而這樣的人長大後，除非自己察覺到那種認定毫無依據，接下來，才會認定「自己其實具有存在的價值」。

這不是別人可以決定的事，但是幸好周遭也許有人肯定你、讚美你，讓你有反思的機會。但能夠下定決心重新認定自己的人，畢竟只有你自己。

在成長的過程中，我們會遇上很多人。其中有些人不會對我們表達好感，但反之，會對我們表達好感的人也很多。關鍵在於，如果你執著的認定自己不會被愛，那就無法感受到別人的好感。

並不是擁有別人的好感，我們才有存在的價值與被愛的意義。如前所述，事實上，別人的好感一直都在，只是我們沒有能力去感受這些好感，去喜歡這些好感。

為了培養這樣的能力，最重要的是自己要能肯定自己有存在的價值。即使自己無法給對方某種回饋，但對方依然喜歡跟自己在一起──要營造這樣的感覺，你自己絕對不能自卑。這樣，你才不會閃避對方的好感。

過度閃避別人對你的好感，會讓自己覺得自己沒有這個價值。而且，過度閃避這些好感，對對方也很失禮，也有可能辜負別人的善意。

所以，請樂於接受別人的好感。不是因為自己很特別，別人才釋出好感，也不是因為自己做了了不起的事，別人才釋出好感，很多時候，僅僅只是因為有緣，別人就會對你釋出好感。

有些人無法感受因為有緣、沒有目的企圖的情誼，一旦自己完成某件

只有自己才會認定自己是不值得別人釋出好感的人。
這種人當然無法感受到別人釋出的好感，
現在一定要由自己決定「自己有存在的價值」。

事，就會當作感情的交換條件，強行要求別人對自己釋出好感，認為自己做了些什麼，因此才有資格接受別人的好感。

惟有認定自己是不值得別人釋出好感的人，才會故意閃避對方的好感。但這樣的人反而會因為做了某件事，就認定自己已經達到某個標準，已經是個好人，當然可以因此期待別人的好感。會故意閃避別人好感的人，相對的，有時也很容易在搞錯狀況之下顯得洋洋自得……。

認定自己有存在的價值，乃人類心理成長不可或缺的一環。或許小的時候，周遭真的有人會無意識地跟你說：「我討厭你……」。

千萬不要因為這句話而變成「我討厭我自己」，或是更進一步做了「大家都排斥我」的獨斷認定。

為什麼會在意他人的眼光呢？

想讓每個人留下好印象的人，表示自己對愛非常飢渴。不管遇上誰，第一個念頭就是「不知這個人會怎麼看我……」，這等於承認自己對愛與認可的渴求。

若從小就能滿足情愛的需求，可能就不會那麼在意別人怎麼看我。若從小就能滿足情愛的需求，那些所謂跟自己不太親的人，對自己來說，應該也不是那麼重要。承認對愛與認可的渴求，就不會在乎別人的評論，而是會勇敢追求被愛的機會。

只要情愛的需求獲得滿足，給別人留下好印象之類的事情，就變得不是那麼重要。希望給別人留下好印象，也真的達成的話，是非常值得「感恩」的事，但沒給人好印象也覺得無所謂。一個情愛的需求有獲得滿足的人，無法想像怎麼會需要偽裝真實的自己，只為了給別人留下好印象這種事。

有人會用酒精抒發內心的各種不滿，其中也有人會因這個不滿得到酒精成癮症。其實，希望讓每個人留下好印象的人，和偽裝自己的人一樣，都是「想給別人留下好印象」的成癮症。

有酒精成癮症的人，經常喝酒終至殘害身體健康，到最後沒有酒就活不下去。但這並不表示他一喝酒就會覺得很幸福，這其實是另類的藥物成癮症。我在美國的大學有段時間，曾加入藥物研究小組，研究有關「成癮症」的問題。那一年的研究讓我印象最深刻的是，這些會依賴藥物且已經成癮的人，在用藥的同時，會覺得自己很不幸。

而且，用藥也會侵蝕他們的身體健康。不管是酒精或藥物，不會讓人得到什麼，卻會讓人失去很多東西。但儘管如此，人們還是會成癮，就是因為渴求與不滿吧！

連面對平常不太有關係的人也要偽裝自己，希望給別人留下好印象的人也是一樣。他們渴求情愛，但偽裝的結果，得到的少，失去的多……。

有酒精成癮症的人，跟渴求被愛的人一樣。酒精成癮症的人，會被酒精侵蝕健康，「想給別人留下好印象」的成癮症者，也會因為這些渴求，導致自己的心千瘡百孔。

把「想給別人留下好印象」這件事成為主要的行為動機者，首先要意識到自己的心對愛的渴求感，以及自己的心已經千瘡百孔了。

因為過於渴求情愛而無法意識到這種飢渴的人很多。其實，只要稍稍獲得滿足，就有機會自覺到原來自己這麼渴求情愛，能滿足是這麼快樂。但若是過於渴求而陷入不安，連對自己感到渴求這件事也渾然不覺，那就變成為了追求而追求。

把「想給別人留下好印象」這件事變成主要行為動機的人，一旦意識到自己心中對情愛的渴求，可能會對自己如此渴求情愛之類的事感到茫然。

因為對情愛的欲求不滿，竟然如此粗糙地對待自己的心。這跟酒精成癮症者，不會去珍惜自己的身體是一樣的道理。

所以，有這種意識的人，首先應該好好用心珍惜自己。而所謂的珍惜自己，也就是要善待自己，如同溫柔的媽媽般照顧自己。

記住，自己是自己的體諒者，也該成為自己的保護者，絕對不要隨意批判自己。

渴求情愛的人，
因想給別人留下好印象，
導致心靈千瘡百孔。

情愛需求未獲滿足的人，往往是在批判型的父母壓迫下長大的。就理想來說，現實生活裡的媽媽最好是體諒者，而非批判者；即使你確實曾經想當個體諒者，但一旦在意別人的眼光，在意別人給你什麼評價，那一切將回到我執的困境，你和你的孩子都將無法脫困。

其實，你可以這樣思考！

總是擔心別人不喜歡自己嗎？

常有這種意識的人，要更加用心珍惜自己，如同溫柔母親般的照顧自己，疲憊的時候不需強顏歡笑，儘管跟自己說「累了吧……稍微歇息一下吧」，「別管了，先做自己想做的事吧」。總之，要學習當自己心靈的體諒者。

容易害羞的人與容易自負的人

容易害羞的人，是對自己最惡劣的批判者——知名的社會心理學家津巴多如此表示。人類的心理成長有其順序，首先，你必須是個溫柔的體諒者，接下來再成為批判者也無妨；但是若跳脫溫柔的體諒者，一下子就成為嚴厲批判者的話，心理會受到傷害。生性非常容易害羞的人，就是最好的例子。

除了容易害羞的人以外，只關心「別人是怎麼看我」的人也是一樣。這些人在無法受到真正善待的情況下，度過了人生中非常重要的時期。

所以，實在沒有必要連自己都去批判自己。自己應該要善待自己，以養育自己一般的態度對待自己。

不過，我想人類的心理成長真的是個困難的課題。一個被懷抱慈悲心的媽媽養大的孩子，即使長大了被置之不理，他還是能善待自己。

而會虛張聲勢的人也是一樣。就因為會在內心批判自己，才會對別人虛張聲勢。反之，即使真實的自己受到別人的批判，只要下定決心善待自己，而且能進一步實行的話，哪需要虛張聲勢呢！

另一方面，感覺容易自負的人也是一樣。容易自負的人，內心存在著某種恐懼。正因為內心存在著某種恐懼，才無法接受別人比較強大的事實，無法挑戰任何新的事物，因此，也無法開啟自己的世界和獲得更多成長。

於是，在這個質與量均顯得狹隘的自我世界裡，自己感到志得意滿而成為自負的人。其實說穿了，自負者是個膽小鬼，也是個怯懦者，自負者是我執觀念很重的人。

而所謂的我執觀念很重，意味著他膽小又怯懦，屬於操控型人物。而會善待自己的人就不會膽怯，就算失敗了，也不會拿這件事來責怪自己。

而對情愛需求不滿，容易批判自己的人，總是恐懼著失敗。他們會批判自己的失敗，導致自己很難嘗試其他的挑戰，總讓人感覺很膽小⋯⋯。

而小時候能滿足於情愛需求的人，能真正體會到自己才是自己最佳的體諒者，才能真實地善待自己。

如果內心欠缺這份真心，那一切都是空談。如果沒有這份真心，你將會流於自負且喜歡虛張聲勢。

如果內心不能善待自己，依然只會關心別人對你的評價，那終究得繼續「虛張聲勢」才行。

所以，請不要忘了平常要善待自己，要好好照顧自己，要允許自己對自己撒嬌……。

平常感到疲憊的時候，不需要強顏歡笑裝出了不起的模樣。這時你應該跟自己說「累了吧……稍微歇息一下吧……」，或者是「累了吧……如果想在一起的話，就什麼都不要管，只要在一起就好……」。

如果善待疲憊的自己是一件衣服，請容許自己穿上它！

你再也不需要披著討好別人的外衣。即使你如此在意別人的眼光，別人也不會對你的人生負責。

最終要對自己的人生負責的是自己。不管你多麼努力想符合別人的期待，終究無法填滿自己內心的空虛。如果你只在意別人的眼光，你將永遠沒有辦法看見你自己。

最要緊的，是要好好善待自己。

愛自己是唯一的真理

請善待自己

即便長大了，內心依舊為小時候無法滿足的情愛渴求所牽絆、始終在意他人眼光下而深感痛苦的你，即使有人對你投以期待的眼光，他們仍舊無法完全滿足你內心深處的需求。因為他們的期待，只會讓你那氣餒的心，更加氣餒而已。

正因為害怕辜負別人的期待，所以你不斷地努力，但這反倒成為你對情愛需求不滿的證據。

不被愛的人內心充滿恐懼。

人的心真的很不可思議。小時候被愛著長大的人，長大後也會疼愛自己。反之，小時候缺少愛的人，長大後也不會疼愛自己。

而人的意志力，不就應該在這個時候發揮作用嗎？在我小時候，周遭都是充滿我執感的大人，我沒有被愛的感覺；但是，我下定決心試著自己愛自己。

這樣的決心，成為我學習自我滿足內心空洞的起點，不，應該說已經起跑了。我這麼說，是因為會下這種決心的人，已經意識到自己情愛需求不被滿足的可怕，而能意識到這件事本身，就是改變的起點。

我前面說過，不被愛的人內心充滿恐懼。而內心充滿恐懼者，無法好好地被愛。就算他下定決心要好好愛自己，也會因為內心還有恐懼，而無法貫徹這樣的意志。

這些人恐懼活著、擔心給別人壞印象、下意識認為人生並沒有那麼美好；這些人還沒有辦法好好善待自己，還沒有辦法好好憐愛自己。

「*Take care of yourself.*」

這句話對於小時候沒有被愛，長大了依然為情愛需求不滿所苦的人，非常重要。

如果可以自己憐愛與善待自己，就會了解周遭有誰會善待自己，而且，也會遇見會善待自己的人。一個情緒成熟的人，會很樂於接受別人善待自己的行為。

而苦於情愛需求不滿的人，不僅下意識裡批判自己，還會虛張聲勢或展現自負感，這樣的話，怎麼也遇不上內心溫柔的人。

這些人在內心批判自我，但越是批判自己，就會越虛張聲勢。若問這種人內心對自己的感覺，他應該會覺得自己是個無趣的人，但在別人與自己面前，又要展現截然不同的自己。

內心實際感受到的自己，跟面對別人偽裝起來的自己不一樣的人，無法跟別人建立親密的關係。這種人跟別人的往來相處，終究會讓自己失去自己，也會失去別人。跟這種人相處時，不管用多開朗的語調交談，最終還是會在彼此感到不愉快的氣氛下收場。

為什麼呢？這是因為人與人之間，「偽裝的自己」無法跟「偽裝的自己」相處；「實際感受到的自己」無法跟「實際感受到的自己」相處。

像這樣的交流不管怎麼做，依舊無法滿足這種人的情愛需求。「偽裝的自己」跟「偽裝的自己」之間的交流，一開始表面往往都顯得非常順利，但因為彼此都隱藏了「實際感受到的自己」，無論再怎麼交流也無法深入。最終的結果，幾乎都是在互相傷害下收場。

其實，你可以這樣思考！

從今日起，學會自我關愛

並非每一個人都在充滿愛與關懷的環境中長大，但每一個人都可以選擇好好愛自己。當你意識到自己對愛的渴求，改變就會自然發生。請跟自己說：「從現在開始，我會好好照顧自己。」放下對自我的批判，開啟真誠的交流吧！

國家圖書館出版品預行編目（CIP）資料

為何我們總是如此不安？：莫名恐慌、容易焦躁、缺乏自信？一本缺乏安全感的人都在看的書！／加藤諦三著；程蘭婷、高淑珍譯. -- 三版. -- 新北市：方舟文化，遠足文化事業股份有限公司，2023.07
　面；　公分. --（心靈方舟；6004）
譯自：自分に気づく心理学 愛蔵版
ISBN　978-626-7291-38-2（平裝）

1.CST: 成功法 2.CST: 生活指導
177.2　　　　112007709

方舟文化官方網站　　方舟文化讀者回函

心靈方舟6004

為何我們總是如此不安？

莫名恐慌、容易焦躁、缺乏自信？一本缺乏安全感的人都在看的書！

作　　者　加藤諦三
譯　　者　程蘭婷、高淑珍
封面設計　吳郁婷
內頁設計　黃鈺涵
責任編輯　唐芩、林淑雯（初版）
　　　　　邱昌昊（二版）、林雋昀（三版）
總 編 輯　林淑雯

出 版 者　方舟文化／遠足文化事業股份有限公司
發　　行　遠足文化事業股份有限公司
　　　　　（讀書共和國出版集團）
　　　　　231 新北市新店區民權路108-2號9樓
　　　　　電　　話｜(02)2218-1417
　　　　　傳　　真｜(02)8667-1891
　　　　　劃撥帳號｜19504465
　　　　　戶　　名｜遠足文化事業股份有限公司
　　　　　客服專線｜0800-221-029
　　　　　E-MAIL｜service@bookrep.com.tw
　　　　　網　　站｜http://www.bookrep.com.tw

印　　製　中原造像股份有限公司
法律顧問　華洋法律事務所　蘇文生律師
定　　價　380元
初版一刷　2015年6月
三版一刷　2023年7月
I S B N　978-626-7291-38-2 書號0AHT6004

方舟出版

感謝您購買 **為何我們總是如此不安？**

我們相信書的存在是為了產生對話，請讓我們聽到您的聲音。
請回想您和這本書的相識過程，填寫下表後直接郵遞，感謝您的參與，期待下次再見！

關於這本書

我是這樣認識這本書的……

☐書店 ☐網路 ☐報紙 ☐雜誌 ☐廣播 ☐親友 ☐讀書會 ☐公司團購

☐其實是從＿＿＿＿＿＿＿＿知道的

發現這本書……

☐主題有趣 ☐資訊好用 ☐設計有質感 ☐價格可接受

☐贈品 / 活動好厲害 ☐適合送人 ☐喜歡作者

☐＿＿＿＿＿＿＿都推了 **我就決定買他了！**

然後去 ☐連鎖書店的＿＿＿＿＿＿＿＿ ☐網路書店的＿＿＿＿＿＿

☐團購 ☐其他＿＿＿＿＿＿＿＿ 購買，

看完後 5~1 評分的話

書名＿＿＿ 封面＿＿＿ 內容＿＿＿ 排版＿＿＿ 印刷＿＿＿ 價格＿＿＿ 整體＿＿＿

會這麼評是因為＿＿＿＿＿＿＿＿＿＿＿＿＿＿＿＿＿＿＿＿＿＿＿＿＿＿＿＿＿＿＿＿

＿＿

關於我

本名 ＿＿＿＿＿＿＿＿＿＿＿＿☐男 ☐女

生日 ＿＿＿年＿＿＿月＿＿＿日

家住 ☐☐☐ ＿＿＿＿市／縣 ＿＿＿＿鄉／鎮／市區 ＿＿＿＿路／街

＿＿＿＿段 ＿＿＿＿巷 ＿＿＿＿弄 ＿＿＿＿號 ＿＿＿＿樓／室

Email ＿＿＿＿＿＿＿＿＿＿@＿＿＿＿＿＿＿＿＿＿＿＿＿＿

電話 ＿＿＿＿＿＿＿＿＿＿＿＿＿＿＿＿＿＿＿＿＿＿＿＿

現在 ☐ 19 歲以下 ☐ 20~29 歲 ☐ 30~39 歲 ☐ 40~49 歲 ☐ 50~59 歲 ☐ 60 歲以上

學歷 ☐國小以下 ☐國中 ☐高中職 ☐大專 ☐研究所以上

職業 ☐製造 ☐財金 ☐經營 ☐醫療 ☐傳播 ☐藝文 ☐設計 ☐餐旅
☐營造 ☐軍公教 ☐科技 ☐行銷 ☐自由 ☐家管 ☐學生 ☐退休
☐實不相瞞，我是＿＿＿＿＿＿＿＿

我習慣從＿＿＿＿＿＿＿＿認識好書後，再去＿＿＿＿＿＿＿＿買書。

我最喜歡 ☐文學小說 ☐人文科普 ☐藝術美學 ☐心靈養身 ☐商業財經 ☐史地
☐親子共享 ☐幼兒啟蒙 ☐圖畫書 ☐生活娛樂 ☐具體來說是＿＿＿＿啦！

最後我必須告訴讀書共和國＿＿＿＿＿＿＿＿＿＿＿＿＿＿＿＿＿＿＿＿＿＿＿＿

＿＿

☐ 為享有完善客服 & 最新書訊，我同意讀書共和國所屬出版社依個資法妥善保存使用以上個人資料

廣	告		回		信
臺灣北區郵政管理局登記證					
第	1	4	4	3	7 號

請直接投郵・郵資由本公司支付

231023
新北市新店區民權路108-2號9樓
遠足文化事業股份有限公司 收

讀書共和國
BOOK REPUBLIC www.bookrep.com.tw

請沿線對折裝訂

方舟出版

心靈方舟6004

為何我們總是如此不安？